一带一路

倡议对企业影响研究：

风险、生产率及业绩

覃 飞 ◎ 著

Research on the Influence of

the Belt and Road Initiative on Enterprise:

Risk, Productivity and Performance

企业管理出版社
ENTERPRISE MANAGEMENT PUBLISHING HOUSE

图书在版编目（CIP）数据

"一带一路"倡议对企业影响研究：风险、生产率及业绩 / 覃飞著 . —北京：企业管理出版社，2022.3

ISBN 978-7-5164-2503-9

Ⅰ.①—… Ⅱ.①覃… Ⅲ.①企业 – 对外投资 – 直接投资 – 研究 – 中国 Ⅳ.① F279.23

中国版本图书馆 CIP 数据核字 (2021) 第 229638 号

书　　　名："一带一路"倡议对企业影响研究：风险、生产率及业绩

书　　　号：ISBN 978-7-5164-2503-9

作　　　者：覃　飞

策划编辑：侯春霞

责任编辑：侯春霞

出版发行：企业管理出版社

经　　　销：新华书店

地　　　址：北京市海淀区紫竹院南路 17 号　　　　邮编：100048

网　　　址：http://www.emph.cn　　　　电子信箱：pingyaohouchunxia@163.com

电　　　话：编辑部（010）68420309　　　发行部（010）68701816

印　　　刷：北京虎彩文化传播有限公司

版　　　次：2022年3月第1版

印　　　次：2022年3月第1次印刷

开　　　本：710mm×1000mm　　1/16

印　　　张：12印张

字　　　数：168千字

定　　　价：68.00元

前　言

　　自 2013 年"丝绸之路经济带"和"21 世纪海上丝绸之路"提出以来，"一带一路"建设快速发展，引起了各国政府的高度关注，越来越多的国家和地区加入"一带一路"建设中，中国国内"一带一路"建设也经历了从中央号召到地方实施的阶段。

　　"一带一路"倡议的提出有着复杂的背景。国际方面，国际金融危机的深层次影响依然存在，世界经济复苏缓慢，国际投资贸易格局面临深层次的调整；而且，后危机时代发达国家经济发展乏力，对世界经济增长的引领作用持续降低，发展中国家的经济发展水平不断提高，对世界经济增长的贡献与日俱增，世界政治经济格局正在发生变化。国内方面，中国经济在改革开放后实现了飞速发展，成为仅次于美国的第二大经济体，但也面临产能过剩、高库存高杠杆和内需不足等问题，亟须转变经济增长方式和开拓新的市场。

　　企业是"一带一路"建设最直接也是最重要的参与者之一，"一带一路"倡议能否推动企业的对外投资贸易，能否改善企业经营，影响着"一带一路"倡议的持续性和生命力。本书在此背景下探讨"一带一路"倡议对企业经营的影响，重点分析"一带一路"倡议对企业对外直接投资风险和企业全要素生产率的影响，并在此基础上分析

"一带一路"倡议对企业业绩的影响及其影响机制。

"一带一路"倡议致力于为企业更好地"走出去"创造便利,而企业对外直接投资风险是企业"走出去"考虑的首要问题。为了探讨"一带一路"倡议能否有效降低企业对外直接投资风险,本书采用A股上市公司2011—2016年的财务数据,并使用倾向得分匹配法为对外直接投资目的地为"一带一路"沿线国家的企业匹配可供比较的对照组,在此基础上构建双重差分模型评估"一带一路"倡议对企业对外直接投资风险的影响。研究结果表明,"一带一路"倡议显著降低了企业在"一带一路"沿线国家的投资风险,并且对企业对外直接投资风险的影响是一个动态调整过程,边际影响程度随时间推移而变化,整体而言呈递减趋势。进一步研究发现,"一带一路"倡议对企业对外直接投资风险的影响存在异质性,表现为对国有企业对外直接投资风险的降低程度要小于非国有企业,后者获得了更多的政策红利,同时"一带一路"倡议对投资目的地为非邻国的企业对外直接投资风险的降低程度要高于投资目的地为邻国的企业。

"一带一路"倡议推动了更多的企业走出国门参与国际竞争,势必推动企业革新技术,提高生产效率。企业全要素生产率是衡量企业组织效率、管理能力、研发能力、技术能力和自主创新能力的重要指标,较高的全要素生产率意味着更高的盈利能力。"一带一路"倡议会对企业的各个方面产生影响,而能否显著提高企业全要素生产率有待进一步分析。本书采用倾向得分匹配法为位于"一带一路"倡议重点建设城市的企业匹配可供对比的控制组样本,在此基础上采用双重差分法实证检验"一带一路"倡议是否对企业全要素生产率产生显著影响。结果表明,"一带一路"倡议对企业全要素生产率产生了积极的正向效应，显著提高了企业的全要素生产率水平，并且其影响是一个动态调整过程，表现为随着时间的推移，"一带一路"倡议对企业全要素生产率的影响也随之加深。考虑样本的异质性后发现，"一带一路"倡议对国有企业全要素生产率的影响不显著，而对非国有企业的全要素生产率产生了显著的正向效应。进一步考虑要素投入差异后发现，"一带一路"倡议对劳动密集型企业全要素生产率的影响要明显大于对非劳动密集型企业全要素生产率的影响，对资本密集型企业全要素生产率的影响要高于对非资本密集型企业全要素生产率的影响。

企业业绩水平是衡量企业经营成果最直接的指标，在验证"一带一路"倡议降低企业对外直接投资风险和提高企业全要素生产率的基础上，有必要检验"一带一路"倡议对企业业绩水平的影响。为此，本书同样采用 A 股上市公司的财务数据，并采用倾向得分匹配 – 双重差分模型进行实证检验。研究发现，"一带一路"倡议对企业业绩具有正向效应，显著提高了企业的业绩水平，并且存在动态调整过程，即随着时间的推移，中央和地方政府对"一带一路"倡议的支持力度逐渐加大，对企业的影响程度也由浅到深。在考虑产权和产业异质性后发现，"一带一路"倡议对国有企业的业绩影响不显著，但对非国有企业的业绩存在显著的正向影响。同样，"一带一路"倡议对制造业企业的业绩影响显著，但对非制造业企业的业绩无显著影响。为了进一步验证"一带一路"倡议对企业业绩水平影响的机制，本书引入中介变量海外业务收入，实证分析"一带一路"倡议对企业业绩影响的中间机制，结果发现"一带一路"倡议对企业业绩的影响存在中间机制，即"一带一路"倡议的实施通过提高企业海外业务收入水平对企业业绩产生积极影响。

目 录

1 绪 论 …………………………………………………… 1

1.1 研究背景 ……………………………………………… 3

1.2 研究意义 ……………………………………………… 6

1.3 文献综述 ……………………………………………… 9

1.4 研究内容和研究方法 ………………………………… 16

1.5 研究创新点和不足 …………………………………… 22

2 "一带一路"倡议的背景、现状和未来 ………………… 27

2.1 "一带一路"倡议的背景 …………………………… 29

2.2 "一带一路"倡议的发展现状 ……………………… 36

2.3 "一带一路"倡议的未来展望 ……………………… 44

3 "一带一路"倡议对企业的影响机制分析 ……………… 49

3.1 "一带一路"倡议对企业对外直接投资风险的影响机制 …… 51

3.2 "一带一路"倡议对企业全要素生产率的影响机制 …… 58

3.3 "一带一路"倡议对企业业绩的影响机制 ………… 63

4 "一带一路"倡议对企业对外直接投资风险的影响 …… 67

4.1 研究设计、数据来源和变量说明 ………………… 71

4.2 实证结果与分析 ·· 79

4.3 异质性检验 ·· 85

4.4 本章小结 ·· 90

5 "一带一路"倡议对企业全要素生产率的影响 ············ 93

5.1 研究设计、数据来源和变量说明 ······················ 97

5.2 企业全要素生产率测算 ······························· 103

5.3 实证结果与分析 ·· 109

5.4 稳健性检验 ·· 122

5.5 本章小结 ·· 126

6 "一带一路"倡议对企业业绩的影响 ···················· 129

6.1 研究设计、数据来源和变量说明 ······················ 133

6.2 实证结果与分析 ·· 139

6.3 "一带一路"倡议对企业业绩影响的中间机制检验 ········ 147

6.4 本章小结 ·· 151

7 结论与政策建议 ·· 153

7.1 主要结论 ·· 155

7.2 政策建议 ·· 158

参考文献 ··· 161

1

绪　论

1.1 研究背景

秦汉时期，古代中国通过开辟丝绸之路将东方的货物运输到西方，开创了东西方两个文明交流融合的先河。之后经过历朝历代的发展，古丝绸之路从中国出发，贯穿中亚、南亚、东南亚、西亚、北非和欧洲部分地区，并通过海路和陆路两条主要的通道将亚洲和欧洲连接起来，成为人类历史上最长的商路（许和连、孙天阳和成丽红，2015）。古丝绸之路作为东西方的贸易通道，将东方的丝绸、茶叶、瓷器等源源不断地运往沿线各国，同时换回沿线各国的香料、珠宝等，一方面推动了东西方物质文明的发展，另一方面实现了东西方两种文化的碰撞。丝绸之路始于秦汉，盛于唐宋，衰于明清时期。随着工业革命的兴起，近代西方借助工业革命得到迅猛发展，处于同时期的中国却依然笼罩在明清封建统治下，实行闭关锁国的政策，农耕文明盛行，丝绸之路日渐衰落，长期陷入低谷中。

1978 年以来，中国实施改革开放的基本国策，积极参与世界经济建设，并充分利用本国人口红利和资源优势大力发展制造业，"中国制造"成为中国重新走向世界的名片，中国的产品重新走向周边国家、走向欧美、走向世界，现代丝绸之路随着中国经济的飞速发展而悄然兴起。但随着 2008 年国际金融危机的到来，中国经济受到不同程度的冲击，加上人口红利正在衰减，中国经济增长面临着国内外双重压力。世界经济同样受到国际金融危机的冲击，经济增长持续低迷，由此导致世界商品贸易量大幅下降。数据显示，2012 年到 2014 年，世界贸易总量增长持续 3 年低于 3%，远低于 1990 年以来年均 5.1% 的增长率（赵东麒和桑百川，2016）。经济低迷最直接的后果是贸易保护主义开始盛行，尤其是以美国、欧洲为代表的发达国家和地区为保护本国和本地区企业利益，提高市场准入门槛，设置贸易壁垒。国内方面，国际金融危机后，中国经济增速明显放缓，面临巨大的下行压力，而之前经济高速增长背后存在的结构不合理、发展模式粗放等深层次的矛盾也不断显现，导致国内出现产能过剩、库存过高、内需不足等问题，严重制约了经济的可持续发展，因此依托新的经济发展结构，发现和培育新的经济增长点成为中国经济可持续发展面临的主要问题（孙楚仁、张楠和刘雅莹，2017）。我国东西部经济发展失衡也是不可回避的现实。改革开放以来，作为经济改革的先锋，经济特区在建设上经历了从东部沿海到沿江，到沿边，最后到内陆地区的过程，可见东部地区最先享有改革红利，加上诸如资源分布等因素的影响，导致了区域经济发展不平衡，东部地区经济发展程度高，而中西部地区，特别是西部地区经济发展长期滞后于全国平均水平。尽管国家出台了大量政策以改变中西部地区经济发展滞后的现状，诸如西部大开发、中部崛起、振兴东北老工业基地等，也取得了一定的效果，但东中西部之间经济发展的差异依然明显。在上述背景下，中国国家主席习近平于 2013 年 9 月访问哈萨克斯坦，访问期间提出了与中亚国家共同建设"丝绸之路经济带"的倡议，并于同年 10

月出访东南亚国家印度尼西亚，提出了建设"21世纪海上丝绸之路"的倡议，二者共同构成了"一带一路"倡议。

从2013年9月和10月国家主席习近平在访问哈萨克斯坦和印度尼西亚时分别提出共建"丝绸之路经济带"和"21世纪海上丝绸之路"的倡议，形成"一带一路"重大构想，到2014年成立投资400亿美元的丝路基金和筹备亚洲基础设施投资银行，为"一带一路"建设提供融资支持，再到2015年3月，经国务院授权，国家发展和改革委员会、外交部和商务部联合发布《推动共建丝绸之路经济带和21世纪海上丝绸之路的愿景与行动》（简称《愿景与行动》），从顶层设计角度详细阐述"一带一路"建设的共建原则、框架思路、合作重点、合作机制等，"一带一路"倡议逐步从蓝图构想走向全面推进阶段（周五七，2015）。"一带一路"也成为备受国际瞩目的话题，受到了前所未有的关注。

"一带一路"建设主要包括五条国际通道，其中"丝绸之路经济带"有三条主要线路：一是从中国出发，途经中亚、俄罗斯，西至欧洲各国；二是从中国新疆出发，途经中亚各国、西亚各国，并抵达波斯湾和地中海附近各国；三是从中国东部和南部出发，到东南亚、南亚和印度洋沿岸各国。"21世纪海上丝绸之路"包括两条主要的线路：一是从中国东部、东南部、南部各个沿海港口出发，通过南海到印度洋沿岸各个国家以及延伸到欧洲各国；二是从中国各个沿海港口出发，通过南海到南太平洋沿线各个国家和地区。可以看到，"丝绸之路经济带"和"21世纪海上丝绸之路"辐射东亚、东南亚、南亚、中亚、西亚、欧洲，以及环印度洋和南太平洋，将亚欧大陆连接在一起，涉及包括中国在内的65个主要国家和地区，覆盖人口达44亿人

（孙楚仁、张楠和刘雅莹，2017）。而在沿线 65 个主要国家和地区中，主要是发展中国家，这些国家往往面临社会和经济转型的困境，基础设施落后，导致投资环境并不理想。同时也应该注意到，国际金融危机后，尽管"一带一路"沿线各国，特别是东南亚各国受到了很强的冲击，但各国经过一系列社会、经济、金融改革后经济复苏较快，经济常年保持较高的增长速度，经济增长具有较大的潜力。中国同"一带一路"沿线各国一直保持良好的友谊，在地理位置上也具有优势，因此"一带一路"建设势必有广阔的前景。

1.2　研究意义

首先，本书从微观视角检验了"一带一路"倡议对企业的影响。现有文献从多个角度研究"一带一路"倡议对中国和沿线国家以及世界的影响，具体来说有以下几个方面："一带一路"倡议对中国和沿线国家投资和贸易方面的影响；"一带一路"倡议对地缘政治、国际关系以及中国国际地位的影响；"一带一路"倡议对中国国内经济的影响；"一带一路"倡议的可行性分析研究。总的来说，现有研究从不同的角度验证了"一带一路"倡议的积极意义。比如，郭烨和许陈生（2016）基于母国助推视角认为中国的"一带一路"倡议对中国对外直接投资有积极的意义，显著提升了中国对外直接投资水平；孙楚仁、张楠和刘雅莹（2017）基于中国海关数据库，通过实证检验得出了类似的结论，即"一带一路"倡议有助于提升我国的对外投资水平。可以看到，尽管这些研究从不同的角度分析了"一带一路"倡议的积极意义，但大部分都是从宏观角度进行分析，比如从中国对外投资贸易、国际关系、地缘政治、世界经济等角度。虽然"一带一路"倡议作为宏观事件，势必对对外投资贸易、国际关系、地缘政治等宏观因素产生影响，但真正推动这种影响发生的是微观个体，即千千万万个企业，而现有的文献忽略或者很少研究"一带一路"倡议对微观企业的影响。"一带一路"倡议作为国家顶层设计，由政府推动实施，但其真正能作为长效机制持续发展下去必然是由于企业参与其中，只有企业在"一带一路"建设中获得积极效应，比如投资风险降低、投资效率提高、企业业绩提升等，企业才能真正长期参与"一带一路"建设，"一带一路"倡议也才能具有长期生命力。因此，有必要从微观的角度检验"一带一路"倡议对企业的影响。为此，本书以企业为研究对象，实证检验了"一带一路"倡议对企业对外直接投资风险、企业全要素生产率和企业业绩的影响，并充分考虑了动态时间调整以及国有企业和非国有企业等异质性的影响。可以说，本书从微观的角度为检验"一带一路"倡议的可行性提供了经验证据，为评估"一带一路"倡议的政策效果提供了不同的视角和方法。

其次，本书的研究结论具有现实意义。中国在经历 2008 年国际金融危机后，经济增长速度明显放缓。长期以来我国经济发展中存在的经济效益低、产业结构不合理等问题亟待解决，大量企业面临长期亏损、产能过剩、高库存等问题，严重影响了经济的可持续发展。中国政府为解决后危机下经济发展面临的困难做了很多努力，比如2015 年召开的中央经济工作会议提出了去产能、去库存、去杠杆、降成本、补短板（三去一降一补）的供给侧结构性改革措施，取得了很大的成绩，中国经济开始缓慢复苏。但大部分政策都具有短期性和针对性，由于产能过剩、高库存等问题是需求不足导致，因此从长期来看解决需求不足的问题才是关键。而"一带一路"建设为企业更好地"走出去"创造了条件，推动了中国对沿线国家和地区的资本输出和商品输出，可以解决需求不足的问题。本书的研究为我国更好地推动"一带一路"建设提供了经验证据，具有很强的现实意义。

最后，本书主要研究"一带一路"倡议对企业的影响，研究结论对企业的投资和经营有指导意义。企业是国家经济发展中最主要的经济单元，企业的发展离不开国家的政策指引。"一带一路"倡议对企业生产经营的影响不言而喻，本书从企业对外直接投资风险、企业全要素生产率和企业业绩三个大的方面阐述"一带一路"倡议对企业的影响，通过实证检验来评估"一带一路"倡议的政策效果，结果表明"一带一路"倡议对企业产生了积极效应，即降低了企业的对外直接投资风险、提高了企业的全要素生产率和提升了企业的业绩水平。因此，企业应更好地参与"一带一路"建设，这对企业的发展具有现实意义。可以说，本书的研究为企业参与"一带一路"建设提供了经验证据。

1.3 文献综述

1.3.1 国内研究综述

从中国国家领导人提出"一带一路"倡议，到地方政府出台支持政策，到企业参与"一带一路"建设，再到"一带一路"沿线国家的参与和支持，"一带一路"倡议获得了越来越多的关注和支持，国内越来越多的学者也对其进行了研究，并取得了一定的成果。本书接下来将对现有国内关于"一带一路"倡议的研究成果进行梳理。

（1）"一带一路"倡议下企业投资的地缘政治风险相关文献评述。企业参与"一带一路"建设，实现"走出去"面临的最大风险是地缘政治风险，地缘政治风险也是企业对外直接投资考虑的首要风险，因此对"一带一路"倡议的解读必然蕴含着相应的地缘政治想象（曾向红，2016）。"一带一路"涉及东亚、东南亚、南亚、中亚、西亚、非洲北部和欧洲等地，地跨亚欧大陆，所辐射国家的地缘政治环境各不相同。张伟（2017）从自然资源分布、国家影响力、大国势力、政治经济制度等角度分析了"一带一路"沿线国家错综复杂的地缘政治环境，认为"一带一路"沿线国家复杂的地缘政治环境增加了投资风险，阻碍了各国之间的经济文化交流。杜德斌和马亚华（2015）认为"一带一路"建设面临诸多地缘政治风险的挑战：一是可能遭到来自美国等西方国家的反制；二是可能受到周边区域大国的制衡；三是可能受到沿线国家和地区复杂的民族宗教问题的羁绊；四是沿线部分国家和地区对中国实施"一带一路"倡议的意图可能存在误解。盛斌和黎峰（2016）认为"一带一路"倡议是当前复杂的国际政治经济局面下（地缘政治复杂、世界经济复苏乏力、外部环境趋紧以及国内经济进入新常态）中国政府为激发国内经济增长活力、进一步扩大对外开放空间和寻求外交发展突破而提出的，但由于区域大国间的竞争与博弈、西方国家的掣肘等因素，"一带一路"建设面临着一定的地缘政治风险。

综合上述研究成果不难发现，整体上来讲，"一带一路"建设的推进面临着复杂的地域政治环境，一方面是因为沿线国家和地区的民族、宗教问题复杂，另一方面是因为大国势力的干涉。由此可见，沿线地缘政治将是"一带一路"建设不可回避的问题，也是企业通过"一带一路"建设"走出去"必然要考虑的风险因素。

（2）"一带一路"倡议下企业全球化相关文献评述。企业全球化是中国企业面临的长期性问题。中国企业借助改革开放后实施的"走出去"战略走上了全球化之路，但国际金融危机后部分国家的贸易保护主义盛行，中国企业全球化之路受阻，而"一带一路"倡议的实施为中国企业的全球化创造了条件。国内学者主要从"一带一路"倡议对企业对外贸易、对外直接投资的影响等方面进行了研究。

关于"一带一路"倡议对企业对外贸易影响的研究主要分为以下几个方面：第一，"一带一路"倡议将推动中国企业对沿线国家和地区贸易的增长。孙楚仁、张楠和刘雅莹（2017）利用中国海关数据库和世界发展指标数据库进行的实证研究发现，随着政策的推进和项目的逐步落实，"一带一路"倡议显著推动了中国企业对沿线国家和地区贸易的增长，表明"一带一路"倡议对企业对外贸易具有积极效应。杨广青和杜海鹏（2015）认为"一带一路"倡议对中国企业在沿线国家和地区的贸易增长产生了积极效应，扩大了中国企业在沿线国家和地区的出口，同时"一带一路"沿线国家和地区收入水平的提高对中国企业在该地区的出口具有显著的拉动效应。孙瑾和杨英俊（2016）通过测算中国与主要国家的直接双边贸易成本发现，"一带一路"建设显著降低了中国与沿线国家的双边贸易成本，主要原因是"一带一路"建设通过对沿线国家和地区的基础设施投资，提高了贸易的便利化水平，显著降低了贸易成本。第二，"一带一路"倡议将重塑全球贸易格局。从经济体量、全球贸易规模、国家综合实力等方面衡量，中国已成为名副其实的经济大国，中国提出"一带一路"倡议后得到了沿线国家和地区的积极支持，这将推动全球贸易格局的重塑。李丹和崔日明（2015）认为"一带一路"沿线国家强大的市场需求和供给能力、沿线大部分发展中国家对区域合作的重视和支持，以及欧洲各国对"一带一路"建设的积极推进和融入，为中国作为区域大国重塑国际贸易格局提供了条件，"一带一路"倡议必将引领全球贸易格局的变革。许和连、孙天阳和成丽红（2015）认为中国的高端制造业可以借助"一带一路"建设在沿线国家和地区形成新的生产网络和消费市场，以此实现制造业投资贸易在国际分工中向高端环节转移，打破美国、日本和欧洲等发达国家和地区垄断高端制造业投资贸易的格局。第三，"一带一路"倡议将推动中国与沿线国家和地区的文化交融，加强双边贸易往来。文化差异是影响国际贸易的重要因素之一，文化差异越大越容易对国际贸易形成障碍。王国刚（2015）认为"一带一路"倡议是基于中华传统文化对国际经济理念的创新，其以中国历史为背景，底蕴深厚，同时尊重亚欧不同的文化，受到沿线各国的欢迎。刘洪铎、李文宇和陈和（2016）指出"一带一路"建设的全面推进提高了不同文化的交融程度，进而弱化了沿线国家文化差异对国际贸易的负面效应。"一带一路"建设以沿线国家和地区的多元文化差异为立足点，提高了双边文化的交融程度，有助于推动中国与沿线国家和地区的贸易关系往纵深处发展。谢孟军（2016）持类似观点，认为"一带一路"建设中以孔子学院为具体化的载体对沿线国家和地区输出中华文化，推动了中国与沿线国家和地区的文化沟通与交流，提升了中国在世界的影响力，为中国出口贸易带来新的动力。

关于"一带一路"倡议对企业对外直接投资影响的研究主要从投资便利化、对外直接投资风险等角度论述。主流的观点认为"一带一路"倡议顺应了国际经贸格局的新变化，强化了中国与亚洲、欧洲和非洲各国的双向投资、产业转移等经贸合作，改善了沿线国家和地区的投资环境，降低了投资交易成本，进而推动了中国企业在沿线各国和地区的对外投资。归纳起来主要有以下几个方面：第一，"一带一路"建设下基础设施的完善推动了中国企业的对外直接投资。张亚斌（2016）通过均值主成分法分析测算"一带一路"沿线国家和地区的投资便利化水平，并运用拓展引力模型检验其对中国企业对外投资的影响，发现沿线国家和地区的投资便利化水平存在显著的差异，较高的投资便利化水平对中国企业在该地区的投资有积极的推动作用。而"一带一路"建设逐步改善了沿线国家和地区，特别是亚洲和非洲欠发达地区的商业投资环境，提高了投资便利化程度等，所以企业在该地区的投资增长更快。隋广军、黄亮雄和黄兴（2017）通过衡量64个沿线国家和地区的基础设施水平得到了类似的结论，认为实施"一带一路"倡议后沿线国家和地区的基础设施不断完善，区域差异不断缩小，推动了中国在沿线国家和地区的对外直接投资，而中国在沿线国家和地区的直接投资每增加 1% 即可带动沿线国家和地区的 GDP 增长 0.01%，对沿线国家和地区的经济贡献率达到了 12%。可见，"一带一路"建设推动了沿线国家和地区的基础设施建设，带动了中国企业对沿线国家和地区的直接投资，进而推动了沿线国家和地区经济的增长，形成了双赢局面。第二，"一带一路"建设推动了中国与沿线国家和地区的双向文化交流，进而推动了企业对沿线国家和地区的直接投资。陈胤默、孙乾坤和张晓瑜（2017）从母国文化助推的视角研究孔子学院对中国在"一带一路"沿线国家和地区直接投资的影响，发现孔子学院推动了中华传统文化在沿线国家和地区的传播，降低了文化距离的负面影响，同时推动了中国与沿线国家签订双边投资协定，进而推动了中国企业在沿线国家和地区的直接投资。谷媛媛和邱斌（2017）则从"一带一路"沿线国家和地区人员来华留学的视角分析了其对中国企业在沿线国家和地区直接投资的影响，认为沿线国家和地区人员来华留学能显著推动中国企业在沿线国家和地区的直接投资，且来华留学生规模越大，中国企业在该国和地区的投资规模和投资数量也越大。也有学者的研究成果表明，尽管"一带一路"倡议为中国企业"走出去"提供了契机，但沿线各国民族、宗教、文化差异巨大，经济发展水平不同，地方政策和政局不稳定等，导致潜在的政治、经济和文化风险不容忽视，"一带一路"建设背景下中国企业对外直接投资的机遇与风险并存（廖萌，2015；胡伟和孙浩凯，2016；聂娜，2016）。

不同的文献对"一带一路"倡议从不同的角度进行了分析，较为一致地认为"一带一路"倡议为当前中国与亚洲、非洲北部、欧洲各国进一步开展双边合作提供了难得的契机，推动了沿线各国和地区的基础设施建设，提升了经济发展水平，同时也为中国企业开展对外直接投资和贸易提供了便利。也有不少研究表明"一带一路"倡议虽然为中国走向世界提供了新的机遇，但实施过程中不可避免会面临各种挑战，比如东道国政治、经济、文化差异导致的投资风险和地缘政治风险等。不同文献的出发点各不相同，但总体来说均是从宏观角度进行分析，较少有文献涉及"一带一路"倡议下微观企业的投资选择。事实上，虽然"一带一路"倡议作为国家顶层设计，由我国政府与沿线国家和地区共同推进，但"一带一路"倡议真正能作为长效机制持续下去是由于微观企业个体参与其中，因此，"一带一路"倡议下企业的选择是重要研究内容。

1.3.2　国外研究综述

由于"一带一路"倡议由中国政府提出并推广，加上该倡议提出的时间并不长，因此对于"一带一路"倡议的研究主要集中在国内，国外学者对其研究并不多，但仍然存在部分研究成果，基本上认可"一带一路"倡议的积极意义。具体主要有以下几类文献：一是将"一带一路"倡议视为机遇；二是认为"一带一路"倡议更多的是挑战；三是从本国利益出发分析"一带一路"倡议对本国的影响。

"一带一路"倡议坚持共商、共建、共享的原则，旨在实现互利共赢的局面。由于大部分沿线国家和地区经济欠发达，基础设施落后，而"一带一路"倡议重点推动沿线国家和地区的基础设施建设，因此"一带一路"倡议受到沿线国家和地区的欢迎和支持，国外许多学者也持积极态度。有研究指出,"一带一路"倡议是一个具有开放性和包容性的经济合作模式,在"一带一路"倡议下,通过对沿线国家和地区的直接投资,既加强了中国能源来源的多样化以及航线选择的多样化,具有战略意义,又巩固了中国与沿线国家和地区的双边合作关系,同时推动了沿线新兴国家和地区的现代化建设,可以实现互利共赢的局面(Liu 和 Dunford,2016)。不容忽视的是,尽管"一带一路"建设会对沿线各国和地区基础设施完善和经济发展产生积极意义,但仍然有一些学者对"一带一路"倡议存在顾虑。

更多的文献从本国或者本地区的视角研究"一带一路"倡议与本国或本地区的互动关系。Verlare 和 Putten(2015)、Andris 和 Sabic(2017)认为"一带一路"倡议为拉脱维亚乃至中东欧各国的经济发展提供了机遇,特别是有助于亚欧大陆基础设施实现互联互通。Irshad(2016)研究了"一带一路"倡议下中国和巴基斯坦在经济、政治等方面的合作前景,认为"一带一路"倡议的实施将改善巴基斯坦落后的基础设施,并且将推动中巴两国在能源、交通等方面的合作,为中巴经济走廊的建设奠定基础。Hali、Tan 和 Sumera 等(2015)持类似的观点,认为"一带一路"倡议的实施将增强中国在中亚地区的影响力,巩固中国和巴基斯坦两国的关系,对中巴经济走廊的建设产生深刻影响。Chhibber(2017)阐述了"一带一路"倡议下印度的选择,认为"一带一路"倡议对印度既是机遇也是挑战,虽然印度未签署"一带一路"协议,但"一带一路"倡议下亚洲基础设施投资银行、丝路基金等金融机构可以为印度的基础设施建设提供潜在的融资支持。

1.4 研究内容和研究方法

1.4.1 研究内容

本书以"一带一路"倡议为背景，研究"一带一路"倡议对企业的影响。"一带一路"倡议作为国家顶层设计，是现在和未来的政策方向，而企业作为"一带一路"倡议的践行者，必然会受到"一带一路"倡议的影响。本书认为，"一带一路"倡议对企业的投资、经营等行为产生了积极影响。基于这一基本结论，我们提出以下三个主要的问题。

（1）"一带一路"倡议是否会降低企业的对外直接投资风险？"一带一路"沿线国家和地区民族和宗教问题复杂、地缘政治冲突不断、存在大国势力干涉、语言文化差异巨大等，导致企业在沿线国家和地区投资可能会面临一定的政治、经济和文化等风险，因此有必要检验"一带一路"倡议是否真的降低了企业在沿线国家和地区的对外直接投资风险。

（2）"一带一路"倡议是否提高了企业的全要素生产率？国家发展和改革委员会、外交部和商务部联合发布的《愿景与行动》作为"一带一路"建设的纲领性文件，将18个省份以及多个节点城市和港口作为"一带一路"建设的国内重点建设对象，地方各个省市也出台相应的政策支持"一带一路"建设。基于此，本书以重点圈定的 18 个省份和节点城市辖区内的企业为实验组，其他企业为参照组，检验"一带一路"倡议是否提高了企业的全要素生产率。

（3）"一带一路"倡议是否提高了企业的业绩水平？前面两个问题主要是考察"一带一路"倡议对企业经营行为的影响，而最终的影响结果反映在企业业绩水平上，因此有必要考察最终结果，即检验"一带一路"倡议是否提高了企业的业绩水平。

因此，本书的研究框架可以用图 1-1 表示。

本书以"一带一路"倡议为背景，以 A 股上市公司为研究对象，分别研究"一带一路"倡议对企业对外直接投资风险、企业全要素生产率和企业业绩水平三个方面的影响。本书的具体内容如下。

第一章：绪论。首先从历史和当前国际经济形势两个方面介绍了本书的研究背景，并从多个角度阐述了研究意义，然后从国内和国外两个方面详细介绍了当前关于"一带一路"倡议的研究成果，接着介绍了本书的研究内容和研究方法，最后对本书的创新之处进行了说明。

第二章："一带一路"倡议的背景、现状和未来。本章从历史背景、时代背景、发展过程和发展阶段以及未来展望等方面进行阐述。"一带一路"倡议有着深厚的历史背景，其渊源最早可以追溯到秦汉时期古代中国开辟的丝绸之路，本章详细阐述了"一带一路"的历史背景，同时结合当代中国所面临的国内和国际环境阐述了"一带一路"倡议产生的时代背景；然后详细论述了"一带一路"倡议从理论构想到国家意志，从蓝图到实践的过程；最后从国内和国外两个角度展望了"一带一路"倡议的未来。

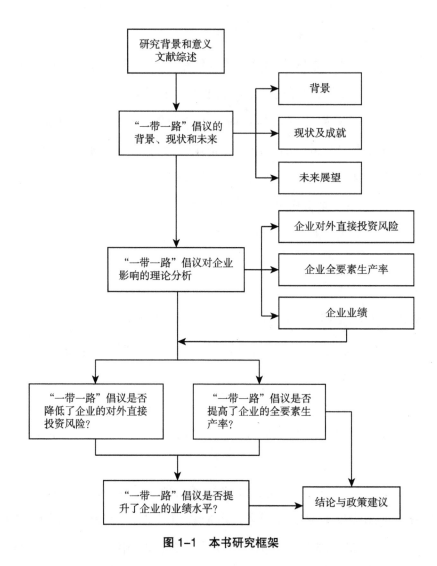

图1-1 本书研究框架

第三章:"一带一路"倡议对企业的影响机制分析。本章主要从"一带一路"倡议对企业对外直接投资风险的影响、"一带一路"倡议对企业全要素生产率的影响、"一带一路"倡议对企业业绩水平的影响三个方面展开理论分析。

第四章:"一带一路"倡议对企业对外直接投资风险的影响。本章首先介绍了有关"一带一路"倡议与企业对外投资风险的文献，并指出了现有文献的不足。然后在研究设计部分将样本分为实验组和控制组两组，投资目的地为"一带一路"沿线国家和地区的企业为实验组，投资目的地为非"一带一路"沿线国家和地区的企业为控制组，并采用倾向得分匹配法为实验组匹配可供比较的控制组，在此基础上构建双重差分模型，评估"一带一路"倡议对企业对外直接投资风险的影响。接着是实证分析部分，利用 PSM-DID 法检验了"一带一路"倡议对企业对外直接投资风险的平均处理效应，在此基础上加入了动态时间虚拟变量，检验了"一带一路"倡议对企业对外直接投资风险的动态边际处理效应。本章进一步从企业不同产权以及区分邻国与非邻国两个方面做了扩展回归，分别检验了不同因素下"一带一路"倡议对企业对外直接投资风险的影响。最后对本章实证检验的结果进行了总结，提出了相应的政策建议。

第五章："一带一路"倡议对企业全要素生产率的影响。本章首先对有关企业全要素生产率的文献进行了介绍。然后在研究设计部分以《愿景与行动》圈定的 18 个重点建设省份和节点城市为依据，将位于所列省市的企业设定为实验组，其他企业设定为控制组，并采用倾向得分匹配法对样本进行匹配；同时详细介绍了企业全要素生产率的不同计算方法，并分别采用参数法和半参数法测算企业的全要素生产率。接着是实证分析部分，采用 PSM-DID 法从平均处理效应和动态边际处理效应两个方面检验了"一带一路"倡议对企业全要素生产率的影响，并实证检验了不同产权下"一带一路"倡议对企业全要素生产率的影响；在此基础上，结合全要素生产率的计算方式，分别从劳动雇员密度和资本投入密度两个方面进一步检验"一带一路"倡议对企全要素生产率的影响。然后，结合全要素生产率的不同计算方法做了稳健性检验。本章最后对实证结果进行了总结，并提出了相应的政策建议。

第六章："一带一路"倡议对企业业绩的影响。本章回归到企业经营业绩方面，首先对相关文献和理论进行分析。然后和第五章一致，在研究设计部分将位于《愿景与行动》所列省市的企业作为实验组，其他企业作为控制组，并采用倾向得分匹配法对样本进行匹配。然后是实证分析部分，使用 PSM-DID 法实证检验"一带一路"倡议对企业业绩的平均处理效应，并引入时间虚拟变量检验动态边际处理效应；在此基础上，从企业不同产权和不同行业类型两个方面分析"一带一路"倡议对企业业绩影响的异质性。本章接下来引入中介变量分三步检验"一带一路"倡议对企业业绩影响的中间机制，借以分析"一带一路"倡议影响企业业绩的机制。最后对本章实证结果进行总结，并提出相应的政策建议。

第七章：结论与政策建议。本章在前文文献综述、理论分析、实证检验等基础上对研究结论进行总结，并结合当前"一带一路"倡议以及企业经营的实际情况，提出相应的政策建议。

1.4.2 研究方法

本书通过文献研究法、理论分析与实证分析相结合法两大类方法研究"一带一路"倡议的产生与发展，以及"一带一路"倡议对企业对外直接投资风险、全要素生产率和企业业绩的影响程度和影响机制，系统、全面、深入地分析"一带一路"倡议与企业经营的关系。

（1）文献研究法。"一带一路"倡议自 2013 年提出后受到了国内外社会的高度关注，并迅速成为社会的焦点，同时学术界也进行了大量的研究。本书研究的主题是"一带一路"倡议对企业的影响，因此在研究之前，笔者收集并整理了"一带一路"倡议、企业对外直接投资、企业全要素生产率、企业业绩等相关主题的文献，文献覆盖历史学、国际贸易学、微观金融学、行为金融学、国际关系学等领域。通过梳理相关文献发现，整体而言，学术界对"一带一路"倡议的政策效果持积极态度，但现有的文献多从宏观角度研究"一带一路"倡议的政策效果，很少从微观角度实证分析"一带一路"倡议对企业经营的影响。本书一方面对现有相关文献进行总结，作为本书进一步研究的基础，另一方面通过通读文献找到现有研究的不足之处，为本书的研究寻找突破口。

（2）理论分析与实证分析相结合法。本书首先从理论上分析"一带一路"倡议对企业对外直接投资风险、企业全要素生产率、企业业绩三个方面的影响，在此基础上采用实证分析的方法分别对其进行检验。

本书采用双重差分模型检验"一带一路"倡议对企业的影响。双重差分法具有独特的优势，常用来评估政策的实施效果。双重差分法是传统的自然科学的方法，即对实验样本分组后对比不同样本之间的差异，最早由 Ashenfelter（1978）从自然科学界引入到经济学界（陈林和伍海军，2015），并得到了广泛应用。

双重差分法基本的步骤包括以下几个方面：首先是对样本进行分组，即将样本分为实验组和控制组，实验组为受到"一带一路"倡议影响的样本，控制组为不受倡议影响的样本；其次是设定时间虚拟变量，剔除政策效应随时间变动的影响；最后是剔除两部分非政策因素，即不随时间而改变的个体差异和时间效应，从而得到"一带一路"倡议对企业所产生的净效应。但应该注意到，双重差分模型要求实验组样本和控制组样本具有可比性，即有较小的异质性，而本书使用的样本为 A 股上市公司，其中既有国有企业也有非国有企业，既有规模较小的创业板、中小板企业，也有规模较大的主板企业，如果直接使用双重差分模型会导致偏误。因此，本书采用倾向得分匹配法（PSM）对这种偏误加以修正，尽量减少样本异质性的影响。在实证分析中，本书为每个实验组样本匹配合适的控制组样本，使实验组样本和控制组样本在一定的概率上相似，具有可比性，然后再对其进行双重差分估计，整个估计方法为倾向得分匹配 – 双重差分法（PSM-DID），该方法也是本书最主要的实证分析方法。

1.5 研究创新点和不足

1.5.1 研究创新点

"一带一路"倡议提出后得到了学术界的高度关注，相关研究成果层出不穷。本书是基于现有研究成果所做的进一步研究，即以"一带一路"倡议为背景，研究其对企业经营的影响。相比现有的研究，本书研究既有继承又有突破。归纳起来，本书的创新点主要有以下几个方面。

（1）研究"一带一路"倡议的视角有所创新。现有国内外关于"一带一路"倡议的研究主要是从宏观角度进行的，比较一致地认为"一带一路"倡议对社会、经济具有积极效应，但较少关注"一带一路"倡议对微观企业个体的影响。尽管"一带一路"倡议是作为一个宏观政策提出的，理应从宏观上研究其政策效果，但"一带一路"倡议最直接的作用是推动微观企业更便捷地实施"走出去"战略，长远来看，微观企业能否在"一带一路"建设中获得政策红利，更便捷地开展对外贸易与对外直接投资，影响着该倡议的持续性，而现有的文献很少研究"一带一路"倡议对企业经营的影响。因此，本书最主要的创新在于从微观企业的角度研究"一带一路"倡议，在具体的实证分析中，研究"一带一路"倡议对企业对外直接投资风险、企业全要素生产率和企业业绩水平三个方面的影响，并分行业、产权等，较为细致全面地检验了"一带一路"倡议对企业经营的影响。

（2）评估"一带一路"倡议政策效果的方法有所创新。"一带一路"倡议自 2013 年提出后，产生了很多直接或者间接效果，比如改善了沿线国家和地区的基础设施、推动了其经济发展等，但如何评估以及采用何种方法评估"一带一路"倡议的政策效果是一个难题。在以往的研究中，较多地采用规范分析的方法进行评估，例如，周五七（2015）通过分析"一带一路"沿线国家和地区的直接投资分布，验证"一带一路"倡议对直接投资规模的影响。也有许多文献采用实证的方法检验"一带一路"倡议的政策效应，例如，郭烨和许陈生（2016）采用面板校正误差模型研究"一带一路"倡议下双边高层会晤对中国在沿线国家直接投资的影响等，孙楚仁、张楠和刘雅莹（2017）采用双重差分法研究"一带一路"倡议对中国在沿线国家开展贸易的影响。各种方法没有绝对的优劣之分，均为有效方法。本书引入发展比较成熟的倾向得分匹配－双重差分法（PSM-DID）评估"一带一路"倡议对企业的政策效果，相比一般的双重差分法，倾向得分匹配－双重差分法充分考虑了样本的异质性问题，修正了因样本异质性导致的估计偏误，并且该方法在本书实证检验中表现出了较好的效果，为进一步研究"一带一路"倡议的政策效果提供了可行的方法。

（3）创新分析了"一带一路"倡议对不同产权企业的影响。本书将样本分为国有企业和非国有企业，分析了"一带一路"倡议对不同产权企业的影响，结果表明非国有企业因"一带一路"倡议得到的政策红利显著高于国有企业。本书的这一分析填补了当前"一带一路"倡议研究中企业产权差异研究的空白，也为以后进一步研究提供了思路。

（4）对"一带一路"倡议的背景、现状和未来进行了充分分析。在现有研究中，大部分文献虽然对"一带一路"倡议的背景做了描述，但不够深入系统，本书针对现有研究的不足，详细、系统地对"一带一路"倡议的背景、现状和未来进行了介绍，从而为以后的研究提供了详尽的文献资料。

1.5.2　研究不足

受精力、时间和研究重点等因素影响，本书的研究可能存在以下几个方面的问题。

（1）缺乏针对不同样本的实证分析。本书的研究样本均为 A 股上市公司，更多的中小公司样本并未纳入本书的实证分析中。整体而言，上市公司往往是市场上经营水平较高、盈利能力较强的公司，虽然具有一定的代表性，但如果单纯以上市公司为样本，可能存在样本选择偏误的问题，后续研究中应扩大样本范围。

（2）缺乏基于不同实证分析方法的比较研究。本书的实证分析均采用倾向得分匹配－双重差分法，尽管该方法在检验政策效应上具有独特的优势，且国内外也有较多的文献采用，但采用单一的实证方法得出的结论仍然有待检验，本书也只在第五章做了稳健性检验，因此今后有待进一步采用不同的实证方法进行检验。

2

"一带一路"倡议的背景、现状和未来

"一带一路"（One Belt and One Road）是"丝绸之路经济带"和"21世纪海上丝绸之路"的简称。2013年9月，中国国家主席习近平在访问哈萨克斯坦期间提出共同建设"丝绸之路经济带"，在10月访问印度尼西亚时提出共同建设"21世纪海上丝绸之路"。"一带一路"倡议是基于国内国际环境、自身实力及经济发展中面临的问题提出的，对我国及沿线国家和地区的发展将产生深刻影响。

2.1　"一带一路"倡议的背景

2.1.1　丝绸之路的历史背景

　　"丝绸之路"的名称最早由19世纪的德国地理学家、地质学家费迪南·冯·李希霍芬（Ferdinand von Richthofen）在其《中国——我的旅行成果》一书中提出，他将公元前114年到公元127年间，中国与中亚以及中国与印度间以丝绸贸易为主要媒介的西域交通道路命名为丝绸之路(简称丝路),随后这一名称迅速被各国学术界和大众所接受并沿用至今(改革开放前我国很多学者将丝绸之路称为"中西交通",20世纪80年代后学者广泛使用"丝绸之路",其逐步成为固定称谓)。20世纪初,德国历史学家赫尔曼根据考古文物和资料记载,在其《中国与叙利亚之间的古代丝绸之路》一书中进一步将丝绸之路的范围由原来的中亚和印度扩大到小亚细亚和地中海沿岸(张俊英和刘艳丽,2016)。

根据交通运输方式的不同,可以将丝绸之路分为陆上丝绸之路和海上丝绸之路。陆上丝绸之路起源于西汉时期(公元前202年到公元8年)张骞出使西域开辟的东起长安(今西安),经甘肃、新疆,以及中亚、西亚,西至地中海各国的陆上通道。陆上丝绸之路是连接古代亚欧大陆的陆上交通大动脉和重要的商业贸易路线,在历史上长期以来是重要的国际通道,极大地推动了东西方两个文明的交流,对人类历史文化的发展具有划时代的意义。海上丝绸之路是古代中国与世界其他国家进行经济文化交流的海上通道。海上丝绸之路的概念最早由1913年法国东方学家、汉学家埃玛纽埃尔-爱德华·沙畹(Emmanuel-Edouard Chavannes)提出,随后关于海上丝绸之路的研究越来越多,该提法被学者和大众接受并沿用至今。海上丝绸之路最早始于秦汉时期,从广州、泉州、宁波等沿海港口城市出发,东到辽东半岛、日本列岛、朝鲜半岛,南到东南亚诸国,西线途经南亚、阿拉伯地区、东非沿海诸国(张俊英和刘艳丽,2016),构成了当时的海上贸易黄金通道。丝绸之路不仅影响范围广(东到日本,西至北非、欧洲诸国),而且历史悠久,从秦汉时期就一直在演变,历经千年直至明清时期,影响深远。

丝绸之路是古代连接东西方两个文明的桥梁。首先，在商贸方面，古代中国通过丝绸之路与中亚、南亚、东南亚、北非、欧洲等地区的国家建立了密切的商贸关系，推动了中外各国贸易的发展。中国的丝绸、茶叶、陶瓷等通过丝绸之路源源不断地输往沿线各国，欧洲、北非、中亚等地生产的香料、珠宝、皮毛制品以及农作物（胡萝卜、核桃等）也同样不断输入中国，极大地改善了中外各国的物质生活条件。其次，在生产力方面，中国的四大发明（造纸术、印刷术、指南针、火药）陆续传入丝绸之路沿线国家，而国外发达的天文历法、酿酒术、制糖术、建筑工艺等也不断传入中国，使古代中国及丝绸之路沿线国家的生产力水平都得到了极大的提升。最后，在文化交流方面，中国以儒家思想为主的汉文化通过丝绸之路传入其他国家，而欧洲、中亚、南亚的基督教、伊斯兰教、佛教等宗教思想也陆续传入中国。通过丝绸之路，古中国文明、古埃及文明、古印度文明等世界主要的文明体系得以交流，推动了东西方文明的融合（白永秀和王颂吉，2014）。由此可见，丝绸之路沟通了人类的文明和智慧，极大地推动了人类社会的进步，对现代的政治、经济、文化等产生了深远的影响，是人类历史上宝贵的文化遗产之一。

2.1.2 "一带一路"倡议的时代背景

"一带一路"倡议的提出有着深刻的时代背景，而国家综合实力不断增强是根本。本节将主要从经济增长、国际贸易以及利用外资和对外投资三个方面梳理"一带一路"倡议提出的国内背景。

首先，在经济增长方面，中国通过对外开放和经济体制改革，实现了三十多年的经济高速增长（中国在 1980 年至 2011 年长达 32 年间保持年均 10% 的 GDP 增长速度，创造了世界经济增长的奇迹），取得了举世瞩目的成绩。中国的 GDP 在 1979 年占世界 GDP 的比重不足 1%，而到 2014 年，占到世界 GDP 的 13.8%，国内生产总值达到 10.4 万亿美元，中国成为仅次于美国的世界第二大经济体（李丹和崔日明，2015）。在国际金融危机后全球经济缓慢复苏的大背景下，以美国、日本、欧洲为代表的西方发达国家和地区经济发展尽显疲态，对世界经济的引领作用持续下降，而中国的经济长期保持高速增长，对世界经济的影响力和号召力与日俱增，尽管也受到金融危机的冲击，但依然保持较强的韧性，是世界经济增长主要的引擎和贡献源。

其次，在国际贸易方面，我国的国际贸易也呈现了类似的发展速度。1978 年，我国的货物贸易进口和出口分别为 111.3 亿美元和 99.5 亿美元，占当时全球货物进口和出口的比重分别为 0.82% 和 0.76%，我国是名副其实的贸易弱国，常年保持贸易逆差。改革开放后，中国货物进出口快速增长，1978—2014 年货物进口和出口的年均增长速度分别达到了 16.5% 和 17.0%，贸易规模大幅增加，在世界贸易中的比重不断提高。特别是在 2000 年以后，进出口呈现飞速增长，并于 2013 年货物贸易总额首次突破 4 万亿美元（当年实际货物贸易总额为 4.16 万亿美元），我国正式超越美国（同期美国实际货物贸易总额为 3.91 万亿美元）成为世界第一贸易大国。自此以后，中国进出口总额持续攀升，世界第一贸易大国的地位不断得到巩固（李丹和崔日明，2015）。

最后，在利用外贸方面，中国政府致力于改善外商投资环境，特别是改革开放以来通过设立经济特区、开放沿海港口城市、兴办经济技术开发区等，吸引了大量的外资企业投资，加上我国人力成本低、资源丰富，在国际分工中具有比较优势，利用外资额迅猛发展（孙焱林和覃飞，2017）。1980 年中国吸引的外商投资额为 5700 万美元，占全世界外商投资总额的 0.11%，而 2014 年外资利用总额为 1280 亿美元，占世界外资利用总额的 9.49%，我国成为全球外商投资第一目的地国。外商投资不仅为我国经济发展提供了资金支持，而且还通过溢出效应带来了先进的技术和管理方法，带动了经济的发展，其中对工业发展的作用尤为显著，促进了工业部门资源配置的优化，提高了劳动者的劳动技能和整个工业行业的总体效率（钟昌标，2010；孙焱林和覃飞，2017）。在吸引外商投资的同时，中国资本也在积极地"走出去"，并取得了辉煌的成绩。1982 年中国企业对外投资额仅为 4400 万美元，占全球对外投资总额的比重不到 0.5%，而 2014 年中国对外直接投资额达到了惊人的 1400 亿美元，全球占比提高至 11.1%，我国由此超越日本成为亚洲第一和全球第二的对外投资国。

从国际背景来看，2008 年国际金融危机后全球经济面临深层次的调整。欧元区经济受希腊债务危机的影响举步维艰，脱欧势力的泛滥导致欧元区第一次现实地面临逆"一体化"危机，加上长期影响欧洲内部团结的移民问题、种族矛盾等，导致欧元区经济难以实现复苏；日本也在金融危机中受到重创，后金融危机时期面临通缩困扰，加上老龄化问题导致的劳动力不足、科技创新乏力等，导致经济长期以来无实质增长；美国尽管一直保持较为稳健的经济增长态势,特别是实施量化宽松的货币政策后,美国从金融危机中逐步走出,依然保持着全球经济领先的地位,但在受到金融危机冲击后难以一枝独秀、独挑大梁,加上持续增加的军费开支,使得经济增长受到拖累。

长期以来,美国、日本、欧洲主导着国际政治经济秩序,随着新兴国家经济的发展,重新审视和构建国际政治经济关系及其规则成为越来越多国家和地区的诉求。改革开放以来,中国实现了经济高速发展,并且长期以来坚定不移地以和平共处五项原则处理与其他国家的关系,本着互利共赢的精神开展双边合作,为世界的和平与发展做出了突出的贡献,受到了越来越多国家的欢迎和支持。中国在全球政治和经济舞台上扮演着重要的角色,外界特别是周边国家和地区对中国发挥区域乃至世界大国作用、承担起大国应有的责任的期待越来越多。特别是进入21世纪后,全球的政治经济版图发生改变,经济发展重心由原来的欧洲、北美转移到以中国为中心的亚洲东部、东南部等亚太地区。尽管这些地区的经济也遭受金融危机的重创,但依然保持强劲增长态势,引领全球经济增长,成为全球经济复苏和增长的重要引擎。亚洲东部的崛起使各个国家更加意识到区域经济合作的重要性,也越来越需要一个国家引领区域经济合作。中国的崛起在世界有目共睹,中国有着较强的制造业和技术,也是许多亚洲国家和地区效仿的对象,同时拥有较强的外汇储备,有能力成为区域经济发展的中心,带领周边国家把握时代发展机遇。

对于中国自身而言,尽管改革开放以来保持着经济高速增长,成为亚洲第一、全球第二的经济体,但依然存在很多问题。一方面,长期以来中国经济高速增长依靠投资与出口,这一模式不可持续,并逐渐失去动力,主要表现为以基础设施建设、房地产投资为代表的国内投资的需求日趋饱和,以钢铁、水泥等为代表的制造业严重产能过剩,同时长期以来的独生子女政策导致人口出生率长期处于较低的水平,人口红利正在衰减,劳动力成本大幅上涨;另一方面,中国经济面临区域发展不平衡的问题,东部沿海地区经济发展水平高,中西部地区特别是西部地区经济发展水平与东部地区的差距较大,但西部地区是我国自然资源最丰富的地区,而且与多个国家接壤,地缘政治复杂,因此潜在的地区稳定问题不容忽视。面对国内发展面临的问题和复杂的国际背景,中国自身亟须寻找一个新的发展模式和方法。

在此背景下,"一带一路"倡议应运而生。"一带一路"倡议既基于中国历史文化传统,具有深厚的底蕴,又立足于国内外经济发展现实,具有极强的历史性和时代感。"一带一路"倡议在充分尊重和维护各国和地区权益的基础上,以平等地位、务实合作、互利共赢为基本点,以完善沿线国家和地区基础设施和着力解决融资困难等问题为先导,致力于提高沿线国家和地区的经济发展水平,塑造国际政治经济新格局,受到了沿线国家和地区的支持(王国刚,2015)。"一带一路"倡议不仅会对中国宏观政策、经济增长、政府行为、对外关系以及国际收支等方面产生影响,而且会对区域经济发展、国际经济金融秩序和世界经济格局产生深刻影响。由此可以看出,"一带一路"倡议既是历史的延续,也是时代的必然,更是沿线国家和地区选择的结果。

2.2 "一带一路"倡议的发展现状

2.2.1 "一带一路"倡议的早期发展

"一带一路"倡议最早由中国国家主席习近平于 2013 年提出。2013 年 9 月，习近平主席在访问中亚国家哈萨克斯坦时首次提出以创新的合作模式共同建设"丝绸之路经济带"，同年 10 月访问东南亚国家印度尼西亚时提出愿意和东盟国家发展海洋合作伙伴关系，共同建设"21 世纪海上丝绸之路"，从而形成了共建"丝绸之路经济带"和"21 世纪海上丝绸之路"的重大构想。"一带一路"倡议强调同沿线各个国家和地区共同打造互利共赢的"利益共同体"，以及共同发展繁荣的"命运共同体"，自提出后即引起了国际社会的高度关注。同年，中国国务院总理李克强在参观中国 - 东盟博览会时强调，要建设面向东盟的海上丝绸之路，打造带动东盟腹地发展的战略支点（李钢、刘倩、孔冬艳等，2016）。"一带一路"倡议提出后，中国政府领导人在对外交流中积极推广，力图让更多的国家和地区参与到"一带一路"的建设中。习近平主席出访沿线国家时关于"一带一路"的讲话如表 2-1 所示。

表2-1　中国国家主席习近平出访沿线国家时关于"一带一路"的讲话

时间	国家	讲话内容要点
2013年9月	哈萨克斯坦	首次提出共建"丝绸之路经济带"
2013年10月	印度尼西亚	提出愿意和东盟国家发展海洋合作伙伴关系，共同建设"21世纪海上丝绸之路"
2014年2月	俄罗斯	中方欢迎俄罗斯参与"丝绸之路经济带"和"21世纪海上丝绸之路"建设，以此作为两国发展全面战略协作伙伴关系的新平台
2014年3月	德国	作为亚洲和欧洲最主要的经济实体，中国愿同德国通过"一带一路"带动亚欧整体经济发展
2014年4月	比利时	传承古丝绸之路精神，让亚欧大陆不同肤色、语言和信仰的人携手建设美好生活
2014年6月	阿拉伯联盟	在《弘扬丝路精神，深化中阿合作》讲话中提出与阿拉伯联盟共同建设"一带一路"，构建"1+2+3"的合作格局
2014年7月	韩国	中方与韩方实现共同发展，携手振兴亚洲经济
2014年8月	蒙古	在联合国、上合组织、亚信会议等基础上共同推进"丝绸之路经济带"和亚洲基础设施投资银行的建设
2014年9月	印度、斯里兰卡、马尔代夫、塔吉克斯坦	共同建设"21世纪海上丝绸之路"，加强与南亚各国在海洋、基础设施建设、旅游等领域的合作
2014年11月	澳大利亚	加快双边自由贸易协定谈判，为中国企业在澳大利亚投资经营提供公平的环境

资料来源：整理自《"一带一路"：中国大战略与全球新未来》一书。

可以说，从前期国家领导人的讲话来看，"一带一路"倡议最初的立足点在于中国周边国家和地区，主要服务于中国东部、南部沿海邻近国家和西部周边国家，旨在通过外交手段加强与周边国家的双边关系，实现互利共赢的目标。而在逐步落实的过程中，"一带一路"倡议受到了各国的普遍关注，中国政府也意识到有必要扩大"一带一路"倡议的范围，将欧洲部分国家纳入建设范围。2014年3月，中国外交部时任副部长张业遂公开表示，"一带一路"将会是振兴亚洲整体经济的两大翅膀，有助于链接东南亚、南亚、中亚、西亚和欧洲部分国家和地区。中东欧国家最早对"一带一路"倡议做出积极响应，例如，2014年6月在浙江宁波举行了中国－中东欧国家经贸促进部长级会议，阿尔巴尼亚、保加利亚、爱沙尼亚、捷克、匈牙利等中东欧16国派部长参会，会议制定和发表了《中国－中东欧国家经贸促进部长级会议共同文件》，提出以"丝绸之路经济带"和"21世纪海上丝绸之路"建设为契机，各国深化在政府间合作、贸易、投资与企业间合作、基础设施建设合作、金融领域合作及其他领域方面的协同交流。2014年6月，中国国务院总理李克强出访希腊，在与希腊总理会谈时强调以"一带一路"建设为契机推动中希关系发展，希腊政府表示将以中远海运比雷埃夫斯港项目为合作典范，支持并参与"21世纪海上丝绸之路"的建设。2014年10月，中国国务院总理李克强在访问德国期间，与德国政府共同发表《中德合作行动纲要》，德国政府表示支持并参与"丝绸之路经济带"的建设。至此，"一带一路"倡议在范围上从最初的周边国家和地区扩大到欧洲部分国家，其在国际上的影响力也越来越大。

国内方面，"一带一路"倡议也在同步推进。自习近平主席首次提出"丝绸之路经济带"和"21世纪海上丝绸之路"后，从中央到地方各级政府高度重视"一带一路"倡议，其逐步上升为国家顶层设计。2013年11月，中国共产党第十八届三中全会通过的《中共中央关于全面深化改革若干重大问题的决定》中明确提出："加快同周边国家和区域基础设施互联互通建设，推进丝绸之路经济带、海上丝绸之路建设，形成全方位开放新格局。"2014年3月，中国国务院总理李克强在政府工作报告中强调抓紧建设"丝绸之路经济带"和"21世纪海上丝绸之路"，积极推进孟中印缅经济走廊和中巴经济走廊建设，并同周边国家和地区实现基础设施互联互通，拓展国际经济技术合作的新空间。2014年11月，习近平主持召开的中央财经领导小组第八次会议强调加快推进"丝绸之路经济带"和"21世纪海上丝绸之路"建设，并专门研究"一带一路"规划。同年，为了解决"一带一路"建设面临的融资问题，设立了丝路基金并决定成立亚洲基础设施投资银行。为推进"一带一路"倡议的实施，2015年3月，国务院授权国家发展改革委、外交部和商务部三部委联合发布《推动共建丝绸之路经济带和21世纪海上丝绸之路的愿景与行动》（以下简称《愿景与行动》），《愿景与行动》开篇回顾了中国丝绸之路悠久的历史和国家领导人为"一带一路"建设所做的努力，并从时代背景、共建原则、框架思路、合作重点、合作机制、中国各地方开放态势、中国积极行动、共创美好未来八个大的方面充分阐述了"一带一路"建设的内涵。《愿景与行动》强调"一带一路"建设是一个系统性工程，中国坚持共商、共建和共享的原则与各方共同推动"一带一路"建设。同时，《愿景与行动》还重点圈定了包括新疆、甘肃、陕西、广西、云南等在内的18个省份，以及包括西安、兰州、上海、广州等在内的多个节点城市和港口。至此，"一带一路"倡议由最初的蓝图构想走向了成熟，并逐步开始实施。

2.2.2 "一带一路"倡议的实施

"一带一路"倡议已完成理论设计、总体框架规划，进入了各方务实合作的阶段。尤其是《愿景与行动》的发布标志着"一带一路"倡议正式进入地方政府全面实施的阶段。

基础设施建设是"一带一路"建设的主要内容，而融资问题则是"一带一路"建设面临的最直接的问题。2014年12月29日，以股权、债券、基金贷款等投资为主要经营内容的丝路基金有限责任公司注册成立，注册资本为100亿美元。丝路基金的首单对外投资项目是巴基斯坦水电项目。中国人民银行时任行长周小川曾指出，丝路基金更像私募基金，只是比一般私募基金的回收期要长一点。可以看出，丝路基金更多的是进行一种股权投资。为解决"一带一路"建设面临的长期融资问题，决定成立亚洲基础设施投资银行。2015年12月25日，经过800多天的筹备，由中国倡议成立、57国共同筹建的亚洲基础设施投资银行（简称亚投行）正式成立。从成员规模来看，截至2017年3月，亚投行成员总规模达到了70个，成为仅次于世界银行的全球第二大多边开发机构。亚投行的成立极大地缓解了亚洲发展中国家基础设施建设面临的融资困难问题，对推动亚洲经济持续增长有重要意义。

共建国际经济合作走廊是"一带一路"建设的重要内容。目前，中国与"一带一路"沿线国家和地区正在建设的国际经济合作走廊有六个，分别是：①中蒙俄经济走廊。一条是从北京、天津、河北到呼和浩特，再到蒙古和俄罗斯；另一条是从大连、沈阳、长春、哈尔滨到满洲里和俄罗斯赤塔（沿老中东铁路）。②新亚欧大陆桥经济走廊。该走廊沿从中国东部港口城市连云港到欧洲港口城市鹿特丹的洲际铁路。③中国—中亚—西亚经济走廊。从新疆出发，抵达波斯湾、地中海沿岸和阿拉伯半岛，经过哈萨克斯坦、乌兹别克斯坦、土库曼斯坦、塔吉克斯坦、吉尔吉斯斯坦、伊朗和土耳其等国，将中国与中亚、西亚连接在一起。从地理位置来看，该经济走廊与新亚欧大陆桥经济走廊存在部分重叠。④中巴经济走廊。以新疆喀什为起点，终点为巴基斯坦的瓜德尔港。⑤孟中印缅经济走廊。以泛亚铁路网为线，将中国与泰国等东南亚各国连接起来。⑥中国—中南半岛经济走廊。以珠三角经济区为起点，沿南广高速和桂广高速，链接南宁、凭祥、河内等城市，并最终到达最南端的新加坡。六条国际经济合作走廊把"一带一路"沿线国家通过公路、铁路和中心城市连接起来，实现了中国与沿线国家乃至亚洲与欧洲的直接互联互通，推动了沿线国家和地区的经济发展，有助于实现"一带一路"建设倡导的互利共赢目标。

"一带一路"倡议也在国内逐步实施。自三部委联合发布《愿景与行动》后，各个省份开始根据本地区的现实情况落实"一带一路"倡议，陆续将"一带一路"建设写入政府工作报告中，并通过建立产业园和保税区、支持企业"走出去"以及建立与沿线国家的交流机制等方式参与到"一带一路"的建设中。如表2-2所示，各个省份参与"一带一路"建设的措施主要分为以下几个方面：一是参与国际经济合作走廊的建设，如孟中印缅经济走廊建设；二是推进国际航空、陆运、航海交通枢纽的建设，实现互联互通，如"渝新欧"国际铁路联运大通道建设；三是加快推进自贸区和保税区建设，如中国–东盟自贸区建设；四是加快推进与"一带一路"沿线国家在经济、文化等方面的交流合作。随着这些措施的实施，"一带一路"建设逐步推进，取得了阶段性的成果。

表2-2　各个省份参与"一带一路"建设的举措

省份	举措内容
陕西	推动"一带一路"沿线各国在陕西设立领事机构；与丝绸之路沿线国家共同开展文物考古和保护研究等
甘肃	开通兰州至俄罗斯、哈萨克斯坦等国的国际航班，实现货运常态化；建立面向中亚、西亚及中东的劳务输转培训基地等
青海	举办丝绸之路沿线国家经贸合作圆桌会议；建立曹家堡保税物流中心
宁夏	启动中阿网上丝绸之路建设；创建中阿经贸合作示范区；争取设立国际邮件交换站；试点国际贸易单一窗口管理模式等
新疆	推动中国–中亚科技合作中心建设；加快外销工业品采购市场建设；推进乌鲁木齐亚欧经贸合作试验区建设
重庆	推动周边地区的货物搭载"渝新欧"班列，并增加专列的班次和集装箱运量；推动国际邮政专列运行
四川	加快中亚货运班列、蓉欧快铁等国际物流骨干网络的建设；推进成兰铁路的建设；举办"川欧经济合作交流暨投资项目洽谈会"和"中外知名企业四川行"活动
云南	参与大湄公河次区域经济合作和孟中印缅经济走廊建设；完善滇印–滇缅合作机制；完善云南同越北和老北的合作机制；继续推动中国–东盟自贸区建设
广西	加快南宁—新加坡经济走廊建设；完善东盟自贸区论坛；推进中马"两国双园"招商引资和重点项目建设；加快推进中国（北部湾）自由贸易试验区、凭祥国家重点开发开放试验区申报
江苏	加快推进中哈物流中转基地建设；推动"一带一路"交汇点建设及国家东中西区域合作示范区建设

续表

省份	举措内容
浙江	推动"义新欧"中欧班列运行常态化；推进杭州、温州等节点城市与"一带一路"沿线相关城市友好结对交流
福建	推动远洋渔业基地建设以及中国－东盟海上合作基金项目建设；办好丝绸之路国际电影节等活动
广东	建立"一带一路"沿线港口城市联盟；办好广东21世纪海上丝绸之路国际博览会；做好海洋经济博览会筹备工作；推动驻境外经贸代表处布局建设；推动与新兴国家和欧美发达国家的经贸合作
海南	办好共建21世纪海上丝绸之路分论坛暨中国－东盟海洋合作年启动仪式；推动洋浦国际能源交易中心的发展；启动三亚临空经济区建设，并依托美兰机场建设空港综合保税区
北京	推动天竺综保区和平谷国际陆港的建设；出台政策支持"双自主"企业扩大出口；推动跨境电商发展，培育新的外贸增长点
河北	鼓励企业在境外投资开发矿产资源；鼓励本省优势产业（玻璃、水泥、钢铁等产业）"走出去"
天津	突出天津特色，与上海自贸区形成互补试验
山西	承接长三角、珠三角等地产业转移
山东	推进东亚海洋合作平台建设；加强与"一带一路"沿线国家和地区在基础设施互联互通上的合作
河南	拓展海铁联运和空铁联运业务；建立能源储运交易中心、丝绸之路文化交流中心和亚欧大宗商品商贸物流中心
内蒙古	加快呼伦贝尔中蒙俄合作先导区建设；推进二连浩特和满洲里两个国家重点开发开放试验区的建设
辽宁	以跨境物流为引领建设中蒙俄经济走廊；推动巴新铁路建设；推动建设丹东、营口、大连等重要节点城市
吉林	建立中蒙和中俄等境外经贸合作区；加强对蒙古、俄罗斯等境外市场的开发

续表

省份	举措内容
黑龙江	推进"中蒙俄经济走廊"黑龙江陆海丝绸之路经济带的建设;借助俄罗斯远东港口开展陆海联运等
上海	推动亚太示范电子口岸网络营运中心建设;完善关检合作和区域通关合作机制
安徽	积极参与新亚欧大陆桥区域经济发展合作
江西	对接"渝新欧""汉新欧"等中欧铁路班列
湖北	加快"武汉—日韩"和"武汉—东盟"航运通道建设,提升"汉新欧"班列国际运输能力;鼓励武汉外国领馆区建设等
湖南	推动口岸通关便利化,以及区域通关一体化合作;推进综合保税区项目入驻;拓展国际国内航班航线等
贵州	积极推动黔渝新欧货运专列的开通;加强与东盟、中东欧国家的交流等
西藏	推进环喜马拉雅经济合作带建设;对接"一带一路"和孟中印缅经济走廊建设

资料来源:整理自《"一带一路"简明知识读本(修订本)》。

2.3 "一带一路"倡议的未来展望

"一带一路"倡议从最初的构想到实践经历了三年多的时间,其理念顺应了当今时代的潮流,得到了国际社会的认可和接受。2016 年

11月，第71届联合国大会首次将"一带一路"倡议写入决议中。2017年3月，联合国安理会通过的2344号决议第一次载入了"构建人类命运共同体"的理念，并呼吁各国和地区通过"一带一路"建设加强区域间经济、文化等方面的合作。越来越多的国家和地区对"一带一路"倡议持积极态度，超过100多个国家和地区参与到了"一带一路"建设中，共同推动区域经济发展。同样，"一带一路"倡议也给中国带来了切实的利益，中国借"一带一路"倡议发展与周边国家和地区的关系，截至2017年5月已与30多个沿线国家和地区签订了共建协定，并同20多个国家开展了产能合作。由此可见，"一带一路"倡议所提出的"中国方案"和"中国理念"正在被世界所认同。这一方面是由于中国的综合国力不断提高，在世界上的影响力不断增强，另一方面是由于"一带一路"倡议的理念和精神（开放合作、和谐包容、市场运作、互利共赢）符合当今时代的主题和人类共同的价值判断。

"一带一路"沿线国家和地区较多的是新兴经济体和发展中国家，其面临着经济发展的问题。截至2015年，沿线国家和地区的总人口达到了44亿，约占全球人口总数的63%，经济总量约为21亿美元，占全球经济总量的29%，由此可见，"一带一路"沿线国家和地区有着庞大的市场需求和经济发展潜力。"一带一路"东起中国、韩国等，西到非洲、欧洲，涵盖了东亚、中亚、东南亚、南亚、西亚、非洲北部、欧洲大部分国家，横贯东西方，是当前世界上最大的经济走廊，将多个经济体联系在一起，也是当前世界经济发展最具潜力的经济带（王明国，2015）。

"一带一路"倡议的提出具有划时代的意义，在可预见的未来，

"一带一路"倡议必将对中国的政策走向和世界格局的走向产生深刻影响。

从中国的角度来讲，"一带一路"倡议将影响中国的经济、文化、外交等。首先，"一带一路"倡议将推动中国"走出去"战略的实施。通过与沿线国家和地区开展广泛的合作和交流，可以为中国企业"走出去"创造更好的条件，对缓解企业产能过剩问题具有积极意义。其次，"一带一路"倡议有助于改变长期以来中国外汇储备单一购买发达国家国债的状况。在"一带一路"倡议下，未来中国会将更多的资金通过丝路基金或者亚洲基础设施投资银行等投入到沿线国家和地区，或者直接参与投资，从而强化中国在世界资源配置中的作用（王明国，2015）。最后，"一带一路"倡议将给中国在国际竞争中带来更多的话语权。中国通过与"一带一路"沿线国家和地区开展合作，将促进沿线经济发展，从而使自身的区域影响力和国际影响力得到显著提升。

从国际的角度来看，"一带一路"倡议将对国际经济政治格局产生深刻影响。首先，"一带一路"倡议将对国际贸易格局进行重构。当前国际贸易格局中存在两个主要的贸易轴心，一个是以欧美发达国家为主的环大西洋贸易轴心，另一个是以美洲、东亚、东南亚、澳大利亚等为主的环太平洋贸易轴心。前者因工业革命而发展起来，后者因发达国家产业转移而发展起来。但两个贸易轴心都是以美国为核心的发达国家主导的产物，"一带一路"的建设在可预见的未来必然会对当前的贸易格局产生影响，形成以亚洲发展中国家为核心的区域贸易轴心（李丹和崔日明，2015）。其次，"一带一路"倡议势必会对区域政治格局产生影响。长期以来，"一带一路"沿线国家和地区处于相对分散的格局,分布着多个区域性国家组织,如东南亚国家联盟等。"一带一路"涵盖东亚、东南亚、南亚、中亚、西亚等大部分地区,随着"一带一路"建设的推进,以前分散的组织联系必将越来越紧密,从而重新构建区域政治格局。

3

"一带一路"倡议对企业的影响机制分析

企业是"一带一路"倡议最主要且最直接的参与者之一，其经营的各个方面都会受到"一带一路"倡议的影响。本书将从理论上分析"一带一路"倡议对企业的影响机制，具体包括以下三个方面：其一，"一带一路"倡议对企业对外直接投资风险的影响机制；其二，"一带一路"倡议对企业全要素生产率的影响机制；其三，"一带一路"倡议对企业业绩水平的影响机制。

3.1　"一带一路"倡议对企业对外直接投资风险的影响机制

　　国际间投资贸易市场可以被认为是一个不完全竞争市场。一方面，很多资源、技术等被部分国家控制，具有垄断性质；另一方面，尽管企业参与国际投资具有竞争性，但由于诸如关税、准入等壁垒的存在，企业间的竞争并不充分，尤其是部分企业在本国具有垄断地位。因此，严格意义上来讲，国际市场是非有效市场。20世纪70年代，Vernon 和 Dunning 在总结以往的垄断优势理论、内部优化理论时也认为现实的国际市场是失效的，主要分为两种类型的失效：其一，结构性失效，关税、限制性门槛等障碍导致投资者进入该国面临的不确定性增加；其二，交易性失效，主要包括跨国交易风险和交易渠道不畅导致的交易成本过高（Vernon 和 Dunning，1975；邵予工、郭晓和杨乃定，2008）。

国际市场的失效增加了企业对外直接投资的风险，而降低甚至规避风险最直接、最有效的方法是国与国之间进行一定的制度性安排。本质上来讲，政治关系是不同国家之间遵循共同利益下特定的主动性制度安排。出于国家安全、经济文化、国际影响力等战略考虑，一个国家会与另一个国家或者多个国家建立政治上的亲疏关系，以维持共同的利益（潘镇和金中坤，2015）。通常来讲，政治关系可分为正式和非正式两种，正式的政治关系是国家之间通过联盟或者签订双边和多边协定等方式建立的，以特定且具有契约精神的形式存在，如东南亚国家联盟（东盟）、北大西洋公约组织（北约）、上海合作组织（上合）等。非正式的政治关系主要通过国家领导人或者国家之间的信任和默契，以及各国民间团体活动等建立。对于跨国公司而言，其子公司在东道国的投资必然会面临来自东道国的政治风险、经济风险和文化风险等，为了降低在东道国的投资风险，跨国公司需要获得母国与东道国直接的政治关系支持（Kostova、Roth 和 Dacin，2008；潘镇和金中坤，2015）。对于政治关系密切的国家，其政府、组织、企业、民众等的交流也更加频繁，会互相尊重对方的文化传统、商业惯例等，跨国公司在东道国面临的风险也因此降低。相反，政治关系不融洽的国家之间可能存在敌对行为，跨国公司在东道国的投资面临政治审查、关税壁垒、市场准入等障碍。

不难看出，和谐、密切的政治关系对企业对外直接投资风险的降低至关重要。"一带一路"倡议是中国发起的旨在推动中国与沿线国家基础设施改善以及经济水平提高的一项制度安排，对改善和增强中国与沿线国家的政治关系具有长期意义。因此，从理论上来讲，"一带一路"倡议降低了企业的对外直接投资风险。

随着"一带一路"倡议的不断推进，特别是2015年国家发展改革委等三部门联合发布《愿景与行动》后，在政策利好的基础上，越来越多的企业积极"走出去"对沿线国家和地区进行直接投资，逐步走向国际舞台。但不容忽视的是，"一带一路"覆盖东亚、东南亚、南亚、中亚、西亚、非洲北部、欧洲大部分等地区，沿线各国经济发展情况、民族宗教文化、政治法律体系等错综复杂，差异较大，地缘政治冲突不断，加上大国势力干涉等因素，导致沿线国家和地区投资环境较差，中国企业对沿线国家和地区的直接投资不可避免地会面临政治、经济、文化等风险，因此确保中国企业的投资安全显得尤为重要。"一带一路"倡议作为中国企业走向世界的旗帜，从多个角度降低了企业的对外直接投资风险，本书接下来将分析"一带一路"倡议降低企业对外直接投资风险的机制。

3.1.1 "一带一路"倡议降低企业对外直接投资政治风险的机制

政治风险是指跨国公司在东道国投资时遇到的政治事件、社会治安问题、腐败等产生的宏观层面的不确定性经营风险（谢孟军，2015），比较常见的政治风险有外交政策改变、矛盾冲突、治安环境恶化等，以及遭受就业、税收、外汇等方面的歧视待遇。政治风险增加了跨国公司财务经营结果的不确定性，显著抑制了跨国公司（特别是非金融类跨国公司）在本地的直接投资。从我国对外投资区域分布来看，尽管我国企业在近200个国家和地区均有投资行为，但从对外投资数量和规模来看，区域分布较为集中，大部分资金流向经济发展稳定、政治风险低的国家和地区，体现了资本对政治风险规避的特点。政治风险会对企业在东道国的投资以及经营产生很强的破坏力，严重影响企业的安全和利益。政治风险是中国企业对外直接投资面临的最主要的风险，是企业"走出去"的绊脚石（赵青和张华容，2016）。

"一带一路"倡议通过以下方式降低企业对外直接投资面临的政治风险：一方面，我国政府注重与"一带一路"沿线国家的交流，与其建立多层次的双边合作关系，并通过一系列政府间的合作强化双边政治互信和完善制度安排。统计数据显示，截至2015年9月，中国已与53个"一带一路"沿线国家和地区签订不同层次的双边投资协定。另一方面，中国政府充分考虑东道国的利益，秉承开放合作、和谐包容、市场运作和互利共赢的原则与"一带一路"沿线各国开展合作，在沿线相关国家建立了包括中国印尼综合产业园区、泰中罗勇工业园等在内的50多个境外经贸合作区（胡伟和孙浩凯，2016；孙楚仁、张楠和刘雅莹，2017），不仅为东道国的经济发展做出了贡献，而且降低了企业在"一带一路"沿线国家投资经营面临的政治风险，使企业的国际竞争能力和抗风险能力均得到提升，真正实现互利共赢的局面（宗芳宇、路江涌和武常岐，2012）。

3.1.2 "一带一路"倡议降低企业对外直接投资经济风险的机制

经济风险是企业在境外投资中受东道国经济环境影响而在投资收益上面临的不确定性，具有影响力大、辐射面广等特点，是企业对外直接投资所面临风险中仅次于政治风险的第二大风险。经济风险的来源较为广泛，包括汇率、融资、行业等，但从影响力和发生频率来看，主要表现为以下几个方面：第一，企业对外直接投资中因融资困难带来的财务风险较为普遍，有统计数据显示，跨国企业对外直接投资中 87% 的经济风险来自融资困难（太平和李姣，2015）。第二，"一带一路"沿线国家以发展中国家为主，特别是中亚、西亚、北非各国经济发展程度低，对基础设施的投资不足，普遍存在基础设施发展滞后、便利化程度低等问题，从而制约企业对外直接投资的持续增长。第三，跨国公司的对外直接投资在一定程度上打破了当地原有的利益分配格局，东道国原来规模小、管理水平低、技术水平落后的企业面临被淘汰的威胁，东道国经济的主导性也受到威胁，导致大部分国家为维护本国企业的经济利益而对外来企业的投资行为进行不同程度的限制，表现为企业对外直接投资面临资格审查、程序冗长等不公平的竞争环境（郭建宏，2017）。尽管在 2013 年提出"一带一路"倡议之前中国参与了很多全球性和区域性的经济合作组织，与大部分国家签订了双边和多边协定，并长期保持经济上的合作，但企业"走出去"仍然面临很多障碍，尤其是面临的经济风险不容忽视。

在"一带一路"倡议的背景下，为解决企业"走出去"面临的融资难问题，以中国国家开发银行、中国进出口银行等为主的政策性银行提供专项贷款支持"一带一路"建设。除此之外，政府还专门成立丝路基金，为企业在"一带一路"沿线国家和地区投资提供中长期金融支持。同时，中国政府牵头成立亚洲基础设施投资银行，亚投行作为区域多边开发机构，为"一带一路"建设提供长期融资支持，主要投资亚洲及相关地区的基础设施建设，以改善基础设施质量和企业投资环境。另外，我国政府致力于为企业"走出去"提供便利化支持，与东道国协同构建全方位、多层次的互联互通网络，推动沿线投资便利化，以提高企业投资效率、降低企业投资成本和投资风险（张亚斌，2016）。在"一带一路"倡议下，中国坚持以互利共赢为原则与沿线各国共同建设，充分尊重各国的利益诉求，沿线大部分国家和地区持欢迎和支持态度，从而为中国企业在沿线国家开展直接投资提供了保障。相比其他区域经济合作组织，"一带一路"倡议对沿线国家投资便利化的促进作用更大，沿线国家的投资经营环境、便利化程度得到显著提升（孔庆峰和董虹蔚，2015）。

3.1.3 "一带一路"倡议降低企业对外直接投资文化差异风险的机制

文化差异是影响企业对外直接投资的重要因素之一。文化差异加剧会导致双边贸易、投资成本和投资风险增加，不利于双边往来（刘洪铎、李文宇和陈和，2016）。反之，文化交融程度的提高有助于加深国家之间的信任,推动双边贸易和投资的发展(Guiso、Sapienza和Zingales,2009)。从现实情况来看,中国与周边国家以及"一带一路"沿线国家在语言、风俗习惯等方面存在较大的差异,阻碍了双边贸易和投资向纵深发展。

在"一带一路"倡议下,中国在加强与沿线国家的文化交融,推动多元文化发展,打造政治互信、文化借鉴和包容的利益共同体方面做了很大努力。一方面,孔子精神与丝路精神在本质上一脉相承,传播孔子精神不仅有助于保持多元文化生态平衡,而且可以推动民族间跨文化交流与交融。孔子学院作为双边文化交融的具体化,在"一带一路"倡议的推动下迅速发展。截至2014年年底,我国与沿线国家合作建立的孔子学院已达174所,孔子学院成为我国和沿线国家之间开展民族文化交流和沟通的重要桥梁(谢孟军,2016)。另一方面,在"一带一路"倡议的背景下,我国通过奖学金等优惠政策鼓励沿线国家学生来华留学。相关统计资料显示,1999年来华留学生规模为4.5万人,其中"一带一路"沿线国家来华留学生规模为7975人,到2014年,来华留学生规模达到37.7万人,其中"一带一路"沿线国家来华留学生规模为16.9万人,占来华留学生人数的比例由最初的17.8%提高到44.9%,他们逐渐成为我国在教育、文化等方面的重要交流对象之一(谷媛媛和邱斌,2017)。由此可见,"一带一路"倡议不仅成为传播中华文明的重要途径,而且提高了我国和沿线国家的文化交融程度,弱化了文化差异对企业对外直接投资的影响,有助于降低企业的对外直接投资风险(谷媛媛和邱斌,2017)。

3.2 "一带一路"倡议对企业全要素生产率的 影响机制

　　企业的全要素生产率属于企业异质性的范畴，对企业异质性研究较多的是垄断竞争优势理论（Hymer，1976；Caves，2007；周茂、陆毅和陈丽丽，2015）。经典的垄断竞争优势理论认为跨国企业在东道国的投资面临当地政治环境、法律法规、文化传统等因素的不利影响，跨国企业在与本地企业的竞争中处于劣势，但跨国企业在本地的客观存在表明其必然具有维持其竞争优势的专有资产，以弥补其劣势。Caves（2007）指出跨国企业的专有资产主要包括企业的品牌效应、管理水平、科研技术等。企业的全要素生产率衡量企业不归因于劳动和资本要素投入的那部分产出，可以看出，跨国企业的专有资产可以提高企业的全要素生产率水平。既然跨国公司的客观存在已经表明相比于其他公司而言，跨国公司可以获得额外的专有资产，实现全要素生产率水平的提升，那么从理论上不难做出如下推理：如果一项政策能够为企业"走出去"开展对外直接投资、成为跨国公司创造条件，那么该项政策就应该对企业全要素生产率水平的提升有着积极效应。值得注意的是，一个企业在国外设立子公司成为跨国公司并非就提升了其全要素生产率水平，更准确的表述是企业成为跨国公司后存在强大的内在机制驱使企业获得更多的专有资产，如被动性参与国际竞争、开展技术创新等。"一带一路"倡议作为一项综合性政策，主要为企业更好地"走出去"提供便利。在"一带一路"倡议的推动下，更多的企业走出国门，在东道国设立子公司，进行对外直接投资或者贸易，成为跨国公司参与国际竞争。因此，从理论上来讲，"一带一路"倡议推动了企业全要素生产率水平的提升。当然，"一带一路"倡议对企业全要素生产率水平的积极效应不局限于此。

企业"走出去"一般分为两种方式，一种是企业对外贸易（商品输出），另一种是企业对外直接投资（资本输出）。学术界较多的观点认为企业对外直接投资能显著提高本国企业的技术研发能力和全要素生产率水平（肖慧敏和刘辉煌，2014；鲁万波、常永瑞和王叶涛，2015；赵宸宇和李雪松，2017）。因此，"一带一路"倡议对企业全要素生产率的影响主要是通过"一带一路"背景下企业对外直接投资对企业全要素生产率的影响实现的，但也存在其他因素推动企业全要素生产率的提高。鉴于此，本书接下来从多个角度分析"一带一路"倡议对企业全要素生产率的影响机制。

3.2.1　海外竞争机制推动企业提高全要素生产率

在"一带一路"倡议的推动下，中国企业积极地实施"走出去"战略，对沿线国家和地区进行对外直接投资，但是面临着来自两个方面的竞争。一是来自东道国本土企业的竞争。本土企业在本国市场上享有东道国优势，即享有更低的市场准入门槛、更优的法律保障、更好的市场认可等，而中国企业作为跨国公司对外直接投资则享有更少的资源，在同类产品下需要通过更多的研发投入来降低成本，扩大在东道国的市场份额。二是来自其他跨国公司的竞争。在全球化的大背景下,中国企业在东道国的对外直接投资面临着其他国家企业的平行竞争,特别是来自美国、日本、欧洲等发达国家和地区企业的竞争更为激烈。发达国家的跨国公司拥有更成熟的技术、更科学的管理以及更前沿的理念等,往往在国际竞争中具有优势,而中国的跨国公司在技术能力、管理能力等方面先天不足,为了在对外直接投资中获得比较优势,中国跨国公司不得不加强对技术研发和管理等的投入,通过提高企业全要素生产率来降低成本,获得竞争优势(赵宸宇和李雪松,2017)。

3.2.2 通过对外直接投资获取技术研发溢出

对外直接投资是推进"一带一路"建设的重要方式,中国企业在沿线国家和地区进行对外直接投资,对企业技术研发水平和全要素生产率的提高有着积极意义。一方面,中国企业作为跨国公司,在沿线国家和地区投资设立子公司、合资公司和研发中心等,能够更好地参与国际市场竞争,获取更前沿的科技创新动态,同时通过融入东道国的市场环境中,通过和本土企业合作等形式嵌入东道国的科技创新网络,能够更容易地获取当地人才、管理经验、研发成果、生产技术等资源。在国内的母公司,则可以直接利用子公司的技术资源或者采取模仿、改造的形式,进而实现母公司科技创新水平和管理水平的提升,这样公司的全要素生产率也自然得到提升。同时,在国内通过竞争和示范效应可以推动国内行业的竞争,进而推动国家层面的技术研发水平和生产效率的提高。另一方面,当前我国国内面临产能过剩、库存过高等问题,国内市场需求趋于饱和,在"一带一路"倡议下,通过与沿线国家和地区开展双边合作，降低了双方的贸易和投资壁垒，推动中国企业在沿线国家和地区进行对外直接投资，从而不仅扩大了产品的销售规模，而且通过规模经济降低了生产成本，提高了企业的投资收益，增加了子公司和母公司的整体实力。子公司可以将更多的资金投入到技术研发上，引进高端人才、购买技术和产品等，提升研发创新能力，同时也反过来提升母公司的整体研发创新能力，实现海外收入反馈机制和海外研发溢出机制的良性循环，促进母公司科技水平和生产效率的提升。另外，规模经济下企业的单位研发成本得到显著降低，母公司也有更多的资金进行核心技术研发（鲁万波、常永瑞和王叶涛，2015）。国外已有研究表明对外直接投资存在逆技术溢出效应，比如，日本对美国的直接投资提高了日本的整体技术水平和管理水平（Neven 和 Siotis，1996），印度企业跨国并购他国车企提升了印度汽车制造业的整体水平（Pradhan 和 Singh，2009）。由此可见，中国企业的对外直接投资对企业技术研发能力和生产率水平具有积极效应。

3.2.3 其他非技术渠道的影响机制

"一带一路"倡议对企业技术水平和全要素生产率的影响还存在其他非技术渠道，概括起来主要有以下几个方面：第一，中国企业通过对沿线国家和地区进行直接投资，特别是对沿线经济发展程度高的经济体进行投资，可以更容易地接触到东道国先进的技术和管理经验，因此企业也有更多的机会学习和模仿东道国企业的技术与管理模式，在此基础上提升自身的技术水平和管理水平。第二，企业的科技创新和生产效率的提升离不开政府政策和资金的支持。在"一带一路"倡议下，为推动企业"走出去"，我国出台了相应的配套措施支持企业的科技研发，比如为企业提供税收优惠、外汇支持、融资服务等，"一带一路"沿线国家和地区为了吸引中国高科技企业在本国投资也往往给予较大的政策优惠，为企业提供便利化支持。第三，在"一带一路"倡议下，企业"走出去"面临东道国严格的法律规范，即存在法律成本，企业为了更好地拓展业务，往往倾向于通过科技创新和提高生产效率等方式降低成本。同时，随着"一带一路"倡议的不断推广，越来越多的国家和地区加入"一带一路"建设中，并且为了和国际接轨不断完善国内法律制度，特别是加强知识产权保护，在此背景下企业也更有动力将更多的资金投入到研发中（汪洋，2010；鲁万波、常永瑞和王叶涛，2015）。

综上所述，"一带一路"倡议对企业科技创新能力和全要素生产率的提升主要通过推动企业对外直接投资、参与国际竞争以及利用"一带一路"政策等实现。尽管企业通过对外直接投资可以增强自身的创新能力和竞争优势，如拓展市场、获取海外科技创新溢出、学习国外优秀企业的管理经验等，但不容忽视的是，企业在"走出去"的同时也面临海外复杂的环境导致的潜在风险，尤其是面临东道国的政治风险、经济风险和文化风险等，而这些风险可能最终导致企业在当地市场遭遇亏损或者失败。因此，不能完全推定企业对外直接投资能促进企业全要素生产率的提高，需要辩证地看。当然，客观上来讲，"一带一路"倡议为企业提升科技创新能力和生产率水平提供了新的契机，企业应在考虑自身经营状况，并充分认识到沿线国家和地区复杂环境带来的潜在风险的基础上进行投资,从而在"一带一路"建设中得到发展。

3.3 "一带一路"倡议对企业业绩的影响机制

前文已经从对外直接投资风险和全要素生产率水平两个角度论述了"一带一路"倡议对企业的影响。理论上来讲,"一带一路"倡议降低了企业在沿线国家和地区的对外直接投资风险,提高了企业的全要素生产率水平,而企业对外直接投资风险和全要素生产率是影响企业业绩的重要因素,因此可以做出如下推理:"一带一路"倡议通过降低企业的对外直接投资风险、提高企业的全要素生产率水平,进而对企业的业绩水平产生积极效应。另外,"一带一路"倡议作为一个综合性政策,对企业业绩水平的影响机制也是多方面的,不仅仅通过影响企业对外直接投资风险和全要素生产率来影响企业的业绩水平,还存在其他多个影响机制。鉴于此,本书接下来将从多个角度分析"一带一路"倡议对企业业绩水平的影响机制。

3.3.1 "一带一路"倡议下子公司影响母公司业绩提升的机制

企业是"一带一路"建设最主要的参与者之一,企业的盈利情况和业绩水平也是检验"一带一路"倡议最直接的证据。自 2015 年国家发展改革委等三部委联合发布《愿景与行动》以来，各地政府积极推动本地企业"走出去"，越来越多的企业在沿线国家和地区设立子公司进行投资，直接影响到了国内企业整体的业绩水平。边际产业转移理论认为，国外的子公司可以拉动对母公司中间产品、资本设备等的需求，从而增加母公司的出口，特别是"一带一路"建设以基础设施建设为主，子公司在当地投资需要大量的设备、资金、劳动力等，母公司因此通过出口获取更多的收益。此外，子公司通过在当地投资可以获取更多的资源，特别是沿线国家和地区有丰富的自然资源，母公司通过子公司的投资可以获得更低廉的原材料，降低国内生产成本，推动母公司的投资，这种市场扩张型的对外直接投资为母公司带来正的产出效益（李泳，2009）。

企业通过"一带一路"建设在东道国设立子公司还可以有效地规避关税壁垒，以及规避国内资源限制等问题。国际金融危机后，越来越多的国家尤其是发展中国家为了保护本国企业的利益，对他国商品进入本国设置关税壁垒，而随着"一带一路"建设的逐步推进，沿线各国给予中国企业较多的政策优惠，更多的中国企业在沿线国家和地区设置子公司进行直接投资，绕开了关税壁垒导致的商品流通成本。同时，国内的资源限制问题也影响到企业的经营，如资本管制、劳动力成本提高、环境保护等。随着国内人口红利的衰减，劳动力成本越来越高，企业普遍面临劳动力短缺的问题，而"一带一路"沿线国家和地区大多经济欠发达，人口稠密，劳动力成本低，中国企业借助"一带一路"建设转移部分劳动密集型企业，可以降低企业生产成本，进而提高企业业绩水平。

3.3.2 "一带一路"政策优惠推动企业业绩提升的机制

"一带一路"建设不仅仅是在中国与沿线各国之间开展，同样在国内也开展了"一带一路"建设。国内方面，"一带一路"倡议对企业业绩产生影响主要是通过政策红利，即企业通过享有政策红利，降低了企业的生产成本等，从而获得更高的收益。具体主要通过以下几个方面来实现。

首先，"一带一路"倡议为企业提供金融支持。一方面，对企业在沿线国家和地区投资放松资本管制。近几年，随着我国外汇储备的增加，大量中国企业开展对外收购、并购，主要涉及房地产、影视、体育等行业，由此导致了外汇储备流失的状况，但我国仍出台政策鼓励企业在"一带一路"沿线国家和地区开展对外直接投资。另一方面，为企业投资经营提供充分的融资支持。资金是企业的血液，在"一带一路"建设中，为解决企业面临的长期融资问题，我国于2014年年底成立了丝路基金，并于次年年底联合各国成立了亚洲基础设施投资银行。

其次，设定重点建设省份和节点城市，为企业业绩提升创造环境。2015年3月，国家发展改革委等三部委联合发布指导"一带一路"建设的纲领性文件——《愿景与行动》，标志着"一带一路"倡议进入在各省份全面实施的阶段。《愿景与行动》重点圈定了包括新疆、甘肃、陕西等在内的18个省份，以及包括西安、兰州、上海等在内的多个节点城市和港口。在此推动下，涌现出一批又一批的自贸区、经贸合作区、国际班列、经济走廊等，如乌鲁木齐亚欧经贸合作试验区、重庆"渝新欧"班列、云南参与的孟中印缅经济走廊、广西的中越跨境经济合作区等。自贸区、经贸合作区等的建设为企业经营业绩水平的提升提供了便利和契机。其一，自贸区、经济走廊等给予企业很大的税收优惠，大大降低了企业的税负，提升了企业的业绩。其二，通过完善交通设施，提升了企业的商品运输效率，降低了运输成本。例如，中亚货运班列、蓉欧快铁等国际物流骨干网络的建设大幅降低了企业的商品运输成本，中国商品直达中亚、西亚和欧洲各国。其三，加强经济合作，共同开发。在"一带一路"倡议的推动下，以满洲里、二连浩特国家重点开发开放试验区等为代表的试验区、经贸合作区、经济走廊等相继成立，中国企业和外资企业共同开发建设，互惠互利。

综上所述，"一带一路"倡议推动企业业绩水平提升的机制主要包括：一是通过与沿线各国签订双边和多边合作协议降低企业对外直接投资风险；二是通过鼓励企业参与国际竞争等提升企业全要素生产率水平；三是为企业在沿线各国设立子公司进行跨国投资提供便利，使企业获得更多的海外业务收入；四是制定并实施一系列政策鼓励企业参与"一带一路"建设，以多种形式获得更多的业务收入。

4

"一带一路"倡议对企业对外直接投资风险的影响

"走出去"战略在推动国内产业结构转型升级、缓解产能过剩等方面产生了积极效应（谢孟军，2016；温湖炜，2017），对外直接投资作为"走出去"战略的主要抓手，取得了很大的成绩，但也存在不容忽视的问题。成绩是：在政府的积极推动以及巨额外汇储备的支撑下，中国的对外直接投资自2002年以来保持快速增长，对外直接投资额由2002年的27亿美元快速上升至2015年的1456亿美元，中国成为仅次于美国的第二大对外直接投资国，并实现资本净输出（谷媛媛和邱斌，2017；郭建宏，2017）；问题是：由于客观存在的国际风险，如投资国的政治风险、行业风险，加之企业自身对外直接投资的经验不足、对外部风险的规避能力不强等，企业在进行对外直接投资的过程中面临很大的投资风险，蒙受过一定的经济损失（蒋冠宏，2015；郭建宏，2017）。由此可见，在保持对外直接投资快速上升势头的同时，有效防范对外直接投资风险，成为继续有效实施"走出去"战略的关键。"一带一路"倡议提出了有别于传统区域合作体系的新模式，有利于清除国际贸易中的技术性和机制性障碍，降低交易成本，促进沿线国家和地区投资的便利化（孔庆峰和董虹蔚，2015），因此得到了沿线国家和地区的积极响应，也为中国企业"走出去"创造了条件。在此背景下，研究"一带一路"倡议对企业对外直接投资风险的影响有着重要的理论和现实意义。

在现有文献中，较多的观点认为对外直接投资能直接为母国带来利益和资源，如对外直接投资通过带动资本输出国企业科技水平、管理水平、生产效率等的提升而促进经济增长（Haskel、Pereira 和 Slaughter，2007；Lau、Choong 和 Eng，2014）。也有较多研究从投资风险的角度分析对外投直接资，较为一致地认为企业对外直接投资不仅面临东道国的政治、经济、文化等风险，还面临企业自身规模、行业发展以及母国政策等带来的风险，这些风险降低了企业参与对外直接投资的积极性（Busse 和 Hefeker，2007；Hayakawa、Kimura 和 Lee，2013；Huett、Baum、Schwens 等，2014）。值得关注的问题是："一带一路"倡议是否会显著降低企业的对外直接投资风险？综观现有研究成果，大部分研究集中在"一带一路"倡议对企业对外直接投资带来的便利性上，如孔庆峰和董虹蔚（2015）、张亚斌（2016）等通过构建贸易便利化指数测算了不同国家的贸易便利化水平，并且进一步研究发现，与其他区域经济组织相比，"一带一路"倡议对沿线国家贸易和对外直接投资便利化水平的提升程度更高。也有一些文献探讨"一带一路"倡议对贸易、投资产生作用的机制并进行实证检验，如刘洪铎、李文宇和陈和（2016）与谢孟军（2016）认为"一带一路"倡议通过双边文化交融弱化了文化差异对国际贸易的负面效应，进而提高了对沿线国家的商品输出额和直接投资额。总体而言，大部分文献从不同的角度阐述了"一带一路"倡议对国家和企业的积极影响，但很少有文献从实证的角度直接验证"一带一路"倡议对企业对外直接投资风险的影响。基于以上分析，本章试图以"一带一路"倡议为切入点，构建"一带一路"倡议对企业对外直接投资风险影响的综合分析框架，探讨二者之间的影响机理。

　　与已有的文献相比，本章的主要贡献有以下几个方面：首先，大部分文献是从宏观角度考察"一带一路"倡议对诸如贸易、投资、经济发展等方面的影响，很少从微观角度实证检验"一带一路"倡议对企业对外直接投资风险的影响。本章研究以上市公司为样本，实证检验"一带一路"倡议对企业对外直接投资风险的影响，弥补了该领域的研究空白。其次，在研究方法上，采用倾向得分匹配法（PSM）为每个实验组样本匹配合适的控制组样本，以克服可能存在的样本选择偏误问题，并采用双重差分模型（DID）评估"一带一路"倡议对企业对外直接投资风险的影响，从而为客观评估该倡议的政策效果提供了新的方法。最后，本章的研究可以为相关研究提供理论依据，并为政府客观评估"一带一路"倡议的政策效果提供经验证据。

4.1　研究设计、数据来源和变量说明

4.1.1　研究设计

　　（1）"一带一路"倡议的实施及沿线国家和地区的分布。"一带一路"倡议由中国国家主席习近平在2013年9月访问哈萨克斯坦时提出的共同建设"丝绸之路经济带"，以及10月访问印度尼西亚时提出

的共同建设"21世纪海上丝绸之路"两个重大倡议组成，力图构建不同于传统区域合作体系的新区域经济合作模式和新经济发展方式。2013年9月，李克强总理参加中国－东盟博览会时强调，要建设面向东盟的海上丝绸之路，打造带动东盟腹地发展的战略支点。2014年3月初，李克强总理在政府工作报告中提出抓紧规划建设"丝绸之路经济带"和"21世纪海上丝绸之路"。2015年3月底，国家发展改革委、外交部、商务部联合发布了《推动共建丝绸之路经济带和21世纪海上丝绸之路的愿景与行动》，提出坚持共商、共建、共享的原则，系统开展"一带一路"建设。2015年年底，在北京召开的中央经济工作会议明确提出，要抓好"一带一路"建设落实，充分发挥亚投行、丝路基金等机构的融资支撑作用，并加强重大标志性工程的落地。

"一带一路"倡议已完成理论设计、总体框架规划，进入了务实合作的阶段。在开放、包容、均衡、普惠的区域经济合作理念下，截至2016年，先后有64个国家和地区加入"一带一路"建设中（见表4-1），沿线人口和经济总量分别占全球的63%和29%（魏龙和王磊，2016）。"一带一路"建设已初具规模，在区域经济合作方面展现出巨大的影响力。

表4-1 "一带一路"沿线国家和地区

区域	数目	国别
中亚	6个	蒙古、哈萨克斯坦、乌兹别克斯坦、吉尔吉斯斯坦、土库曼斯坦、塔吉克斯坦
中东欧	16个	波兰、罗马尼亚、保加利亚、拉脱维亚、斯洛文尼亚、爱沙尼亚、阿尔巴尼亚、克罗地亚、塞尔维亚、捷克、斯洛伐克、匈牙利、立陶宛、马其顿、波黑、黑山

续表

区域	数目	国别
独联体	7个	俄罗斯、白俄罗斯、乌克兰、格鲁吉亚、亚美尼亚、阿塞拜疆、摩尔多瓦
西亚北非	16个	沙特阿拉伯、阿联酋、科威特、阿曼、伊朗、伊拉克、卡塔尔、约旦、黎巴嫩、巴林、也门、叙利亚、巴勒斯坦、以色列、埃及、土耳其
东南亚	11个	印度尼西亚、马来西亚、泰国、越南、菲律宾、柬埔寨、缅甸、老挝、文莱、东帝汶、新加坡
南亚	8个	印度、巴基斯坦、孟加拉国、斯里兰卡、马尔代夫、阿富汗、尼泊尔、不丹

资料来源：综合整理自陈虹和杨成玉（2015）与刘洪铎、李文宇和陈和（2016）。

（2）双重差分模型的设定。"一带一路"倡议的实施为本章的研究提供了一个难得的准自然实验，因而能够方便地使用双重差分法（Different in Different，DID）评估"一带一路"倡议对企业对外直接投资风险的影响。由于"一带一路"倡议最初是习近平主席在2013年9月、10月访问哈萨克斯坦和印度尼西亚时提出的，真正上升为国家层面的政策（写入政府工作报告）是在次年3月，因此本章将2014年作为政策冲击事件发生的年份（孙楚仁、张楠和刘雅莹，2017），选取2011—2016年A股上市公司中存在对外直接投资的企业作为研究样本。实验组和控制组的分组设置如下：将参与"一带一路"倡议且投资目的地为表4-1所示国家和地区的企业作为实验组（Treatment Group），将其他有对外直接投资行为，但投资目的地不是表4-1所示国家和地区的企业作为相对应的控制组（Control Group）。

尽管"一带一路"倡议是国家层面的顶层设计，但只有存在对外直接投资行为且投资目的地为表4-1所示国家和地区的企业才受

此影响，所以可以用 $E(y|x=1)$ 表示"一带一路"倡议对实验组企业对外直接投资风险的影响，相应地，"一带一路"倡议对控制组的影响用 $E(y|x=0)$ 表示。因此，"一带一路"倡议对企业对外直接投资风险的横向影响为：

$$E(y|x=1) - E(y|x=0) \qquad (4.1)$$

"一带一路"倡议只是企业对外直接投资风险的影响因素之一，不管是否受到"一带一路"倡议的影响，企业对外直接投资风险仍然受时间趋势的影响。因此，为了评估"一带一路"倡议对企业对外直接投资风险的净效应，还必须剔除时间因素对企业对外直接投资风险的影响。类似地，"一带一路"倡议实施后企业对外直接投资风险的水平用 $E(y|t=1)$ 表示，"一带一路"倡议实施前企业对外直接投资风险的水平用 $E(y|t=0)$ 表示，因此"一带一路"倡议对企业对外直接投资风险的水平影响为：

$$E(y|t=1) - E(y|t=0) \qquad (4.2)$$

综合"一带一路"倡议对企业对外直接投资风险的横向影响和水平影响后，可以得到政策影响的净效应（Net Effect），具体如下：

$$NE = [E(y|x=1) - E(y|x=0)] - [E(y|t=1) - E(y|t=0)] \qquad (4.3)$$

根据以上双重差分模型的设定，并考虑"遗留关键变量"问题（Meyer，1995），加入控制变量，设置本章的基准模型如下：

$$Risk_{it} = \beta_0 + \beta_1 Policy_{it} \times Year_{it} + \beta_2 Policy_{it} + \beta_3 Year_{it} + \beta_j \sum_{j=1}^{n} Control + \varepsilon_{it} \qquad (4.4)$$

其中：被解释变量 $Risk$ 为企业对外直接投资风险；虚拟变量

Policy 表示企业是否属于实验组，若企业 *i* 的对外直接投资目的地为表 4-1 所示国家和地区，则属于实验组，取值为 1，否则属于控制组，取值为 0；虚拟变量 *Year* 表示在"一带一路"倡议实施年份（2014 年）之前还是之后，2014 年及以后年份取值为 1，其他年份取值为 0；*Control* 为样本企业特征的控制变量；ε_{it} 是随机误差项，代表因个体和时间而变化且影响企业对外直接投资风险的非观测扰动因素。β_1 是 DID 估计量，为"一带一路"倡议对企业对外直接投资风险影响的净政策效应，是本章关心的系数。如果"一带一路"倡议降低了企业对外直接投资风险，该系数应该显著为负。经过 DID 方法处理，将影响控制变量的一般性因素剔除掉，可以更准确地评估"一带一路"倡议对企业对外直接投资风险的影响（王砾、王茂斌和孔东民，2017）。

由于政策的实施效果具有一定的时滞，因此有必要加入时间因素检验"一带一路"倡议对企业对外直接投资风险的动态边际处理效应，具体方法是引入时间虚拟变量，构建 DID 交互项。基于此，式（4.4）可以调整为：

$$Risk_{it} = \beta_0 + \beta_1 Policy_{it} \times Year2014_{it} + \beta_2 Policy_{it} \times Year2015_{it} + \beta_3 Policy_{it}$$
$$\times Year2016_{it} + \beta_4 Year2014_{it} + \beta_5 Year2015_{it} + \beta_6 Year2016_{it}$$
$$+ \beta_7 Policy_{it} + \beta_j \sum_{j=1}^{n} Control + \varepsilon_{it} \tag{4.5}$$

其中，*Year*2014—*Year*2016 是相应年份的虚拟变量，其他符号和变量的含义与式（4.4）一致。

（3）倾向得分匹配模型的设定。在使用双重差分法的同时也应该考虑可能存在的内生性问题：一是样本选择。虽然"一带一路"倡议是国家层面的顶层设计，但并非所有存在对外直接投资行为的企业都会选择把投资目的地定为表4-1所示的国家和地区。企业都是根据自身业务等综合情况做出选择，即企业参与"一带一路"倡议可能是一个自我选择过程，而非完全外生。二是样本个体的异质性。存在对外直接投资行为的企业有着很大的个体差异，既有央企、地方国企，也有民营企业，其资金体量、管理水平、发展程度等存在显著差异。如果不考虑这些个体差异，可能存在样本选择偏误。关于样本选择偏误，更为详细的计量技术探讨见Heckman和Robb（1985）与Manski（1989）的相关研究。鉴于此，本章将Rosenbaum和Rubin（1983）提出的倾向得分匹配法（Propensity Score Matching, PSM）引入评估研究中，通过倾向得分匹配法（PSM）为实验组样本匹配可供对比的企业，以降低实验组和控制组的异质性，并修正样本选择偏误，然后再通过双重差分模型（DID）评估"一带一路"倡议对企业对外直接投资风险的影响。

本章根据倾向得分匹配法的基本思想，将控制组中的某个企业 j 与实验组中的企业 i 匹配，使其可观测变量尽可能相似，依个体特征匹配后的企业是否参与"一带一路"倡议的概率相等或者接近，即 $x_i \cong x_j$（何靖，2016）。本章选择总资产（$LnAsset$）、营业总收入（$LnIncome$）、总负债（$LnDebt$）、流动资产（$LnCurrent$）、净利润（$LnNetprofit$）、所有者权益（$LnEquity$）六个可观测变量，对实验组和控制组企业进行匹配，具体的匹配方法是基于倾向得分的核匹配，即使用Logit模型估计倾向得分，并仅对共同取值范围内的个体进行匹配。从表4-2的匹配结果来看，匹配前后变量的标准化偏差明显变小，均低于10%，且变量的t值均不能拒绝实验组和控制组无系统差异的原假设，表明匹配结果很好地平衡了数据，符合可比性的要求。

表4-2　匹配前后可观测变量的平衡性检验结果

变量	类型	均值		标准化偏差／%	标准化偏差变化／%	t 值	p>|t|
		实验组	控制组				
LnAsset	匹配前	22.151	21.794	24.1	81.4	6.46	0.000
	匹配后	22.151	22.085	4.5		0.88	0.380
LnIncome	匹配前	21.793	21.209	38.1	85.3	10.34	0.000
	匹配后	21.791	21.705	5.6		1.09	0.274
LnDebt	匹配前	21.276	20.726	30.7	86.0	8.06	0.000
	匹配后	21.276	21.199	4.3		0.86	0.389
LnCurrent	匹配前	21.611	21.249	25.2	80.3	6.77	0.000
	匹配后	21.611	21.540	5.0		0.96	0.335
LnNetprofit	匹配前	19.002	18.738	17.9	82.6	4.80	0.000
	匹配后	19.005	18.959	3.1		0.61	0.540
LnEquity	匹配前	21.437	21.206	17.5	79.3	4.68	0.000
	匹配后	21.438	21.390	3.6		0.71	0.480

注：采用宽带为 0.06 的核匹配法。

4.1.2　数据来源和变量说明

上市公司财务数据来源于 Wind 数据库，时间跨度为 2011—2016 年，并采用通用做法剔除金融类上市公司样本；行业分类依据为中国证监会颁布的行业分类标准；对外直接投资企业名单来自商务部发布的《境外投资企业（机构）备案结果公开名录》，并对上市公司进行匹配，识别上市公司中存在对外直接投资行为的企业。

企业对外直接投资风险为本章的被解释变量，参考 John 等（2008）、Boubakri 等（2013）以及毛其淋和许家云（2016）的方法，本章采用企业资产收益率（*ROA*）的波动性（即资产收益率的标准差）衡量企业对外直接投资风险。考虑到行业异质性对企业资产收益率的影响，需要对企业资产收益率进行行业平均值的调整，即在计算企业资产收益率的同时剔除行业平均资产收益率，具体采用以下方法进行处理：

$$ROA_{it}^{adj} = ROA_{it} - \frac{1}{N_{jt}} \sum_{i \in \Theta_j} ROA_{it} \tag{4.6}$$

其中：ROA_{it}^{adj} 为调整后的企业资产收益率；ROA_{it} 为调整前 i 企业 t 时期的资产收益率；Θ_j 表示行业 j 的企业集合；N_{jt} 表示 t 时期 j 行业的企业总数。在计算得到调整后的企业资产收益率后，接着计算每一个三年期观测时段经调整后企业资产收益率的标准差 δ，用来衡量企业当期对外直接投资风险，具体计算公式为：

$$Risk_{it} = \sqrt{\frac{1}{T-1} \sum_{t-1}^{T} \left(ROA_{it\tau}^{adj} - \frac{1}{T} \sum_{t=1}^{T} ROA_{it\tau}^{adj} \right)^2} \tag{4.7}$$

其中：τ 为观测时段，本章为 2009—2011 年、2010—2012 年……2014—2016 年共六个三年期观测时段；T 为观测时段年度序数最大值，本章采取三年期观测时段，故 T 为 3；$Risk_{it}$ 即 i 企业在观测时段 τ 内的对外直接投资风险。

在解释变量方面，主要借鉴 Nazir 和 Afza（2009）、Hill 等（2010）、杨继生和阳建辉（2015）等的方法选取以下变量：企业绩效（*Profit*），以净利润占总资产的比例衡量，借以反映企业的盈利能力；所有者权益占比（*Equity*），以所有者权益占总资产的比例衡量；资金状况（*Capital*），以流动资产占总资产的比例衡量，借以反映企业的流动性管理风险；企业规模（*Size*），以企业固定资产衡量，借以反映企业的大小和实力；经营活动现金流状况（*Cash*），以经营活动现金流入占总资产的比例衡量。各变量的统计性描述如表4-3所示。

表4-3 变量的统计性描述

变量	最大值	最小值	均值	50 分位点	标准差
Risk	3.586	0.000	0.118	0.079	0.156
Profit	108.400	−3.994	0.081	0.051	1.534
Equity	1.195	−6.034	0.576	0.584	0.229
Capital	0.999	0.052	0.614	0.623	0.193
Size	26.620	9.125	20.730	20.680	1.701
Cash	10.920	0.003	0.733	0.603	0.587

4.2 实证结果与分析

4.2.1 平均处理效应检验

本章基于式（4.4）采用固定效应法估计面板双重差分模型，并采用逐步估计策略实证检验"一带一路"倡议对企业对外直接投资风险的影响，结果如表4-4所示。模型（1）和模型（3）仅考虑时间虚拟变量 *Year*、分组虚拟变量 *Policy* 及其交互项 *Policy* × *Year*，模型（2）和模型（4）加入了控制变量。DID 交互项 *Policy* × *Year* 是本章的核心估计变量，衡量"一带一路"倡议对实验组企业对外直接投资风险的影响程度。结果显示，在未进行 PSM 处理的情况下，无论是否加入控制变量，模型（1）和模型（2）DID 交互项 $Policy \times Year$ 的系数均未通过显著性检验，意味着在该模型设定下并不能说明"一带一路"倡议对企业对外直接投资风险存在影响。考虑到企业对外直接投资的"自选择效应"，以及不同企业之间可能存在的个体差异等因素，加上 DID 模型估计要求实验组和控制组具有可比性，直接使用 DID 模型回归可能存在偏误，有必要对样本进行 PSM 匹配，然后再做 DID 分析。模型（3）和模型（4）列示了样本经过 PSM 处理后的 DID 估计结果。模型（3）列示了未加入控制变量的回归结果，不难看出，其 DID 交互项 $Policy \times Year$ 的系数通过了 1% 的显著性检验，且系数为负，符合预期。结果表明，如果仅考虑平均处理效应而不考虑动态边际处理效应，国家层面实施的"一带一路"倡议能显著降低企业的对外直接投资风险。模型（4）列示了加入控制变量的回归结果，可以看到 DID 交互项 $Policy \times Year$ 的系数依然显著为负，且系数值与模型（3）相差不大，一定程度上说明了结果的稳健性。

此外，模型（4）列示了其他控制变量系数的估计结果。可以看到，变量企业绩效（$Profit$）的系数为负，意味着企业绩效与对外直接投资风险呈负相关，但并不显著；所有者权益占比（$Equity$）的系数在 1% 的水平上显著为正，表明所有者权益占比越高的企业，对外直接投资风险越大；资金状况（$Capital$）的系数在 5% 的水平上显著为正，表明流动资产占比越高，企业对外直接投资风险越大；企业规模（$Size$）的系数在 10% 的水平上显著为负，表明规模越大，企业抗风险能力越强。

表 4-4 "一带一路"倡议对企业对外直接投资风险的平均处理效应

变量	未进行 PSM 处理		进行 PSM 处理后	
	模型（1）	模型（2）	模型（3）	模型（4）
$Policy \times Year$	−0.0075	−0.0133	−0.1780***	−0.1860***
	（−0.69）	（−1.27）	（−4.33）	（−4.63）
$Year$	−0.0360***	−0.0108	−0.0084***	0.0091
	（−6.22）	（−0.92）	（−3.45）	（1.39）
$Policy$	0.0124	0.0157	0.6200***	0.6260***
	（1.11）	（1.46）	（12.23）	（12.50）
$Profit$		0.0039***		−0.0695
		（2.86）		（−0.56）
$Equity$		0.2040***		0.2570***
		（7.41）		（5.40）
$Capital$		0.1200**		0.1370**
		（2.03）		（2.52）
$Size$		−0.0185*		−0.0150*
		（−1.65）		（−1.67）
$Cash$		0.0276		−0.0240
		（0.74）		（−0.84）
$\_cons$	0.1360***	0.2940	0.0267***	0.1170
	（38.93）	（1.22）	（3.84）	（0.56）
R^2	0.0254	0.1200	0.2010	0.2200
R^2_adj	0.0254	0.1200	0.2010	0.2200
N	5007	5006	4725	4724

注：*、**、***分别表示系数的估计值在 10%、5%、1% 的水平上显著，括号内为对应的标准误。

4.2.2　动态边际处理效应检验

考虑到"一带一路"倡议的实施是持续的动态调整过程，因此有必要进一步考虑政策对企业对外直接投资风险的动态边际处理效应。表4–5列示了式（4.5）的回归结果。同样，作为对比，分别采用未进行 PSM 处理和进行 PSM 处理后的面板双重差分模型进行分析。该部分关心的是实验期内各个年份的 DID 交互项 $Policy \times Year2014$、$Policy \times Year2015$ 和 $Policy \times Year2016$ 的估计系数，该系数衡量了从2014年到考察期结束年份2016年期间持续实施的"一带一路"倡议对企业对外直接投资风险的动态边际处理效应。从回归结果可以看到，在未进行 PSM 处理的情况下，无论是否加入控制变量，表4–5中模型（1）和模型（2）的 DID 交互项 $Policy \times Year2014$、$Policy \times Year2015$ 和 $Policy \times Year2016$ 的估计系数均未通过显著性检验，意味着在该模型设定下不能说明"一带一路"倡议对企业对外直接投资风险存在动态边际影响。表4–5中模型（3）和模型（4）列示了经过 PSM 处理后的 DID 估计结果。可以看到，在未加入控制变量的情况下，模型（3）的 DID 交互项 $Policy \times Year2014$、$Policy \times Year2015$ 和 $Policy \times Year2016$ 的估计系数均通过了 1% 的显著性检验，且估计系数的符号为负。单从系数值来看，从2014年开始实施的"一带一路"倡议在2014年、2015年和2016年对企业对外直接投资风险均存在高度显著的负向效应，即动态地降低了企业的对外直接投资风险，影响程度的局部趋势呈现先减后增，总体上呈现递减趋势。模型（4）为加入控制变量后的回归结果，可以看出，DID 交互项的动态边际估计系数依然高度显著，系数符号、大小和趋势与模型（3）基本保持一致。

以上结果表明，"一带一路"倡议对企业对外直接投资风险的影响具有即时性，即从政策实施第一年就显著降低了企业的对外直接投资风险，同时政策的边际影响力呈现减弱的趋势，即政策红利趋于减少。该政策的动态边际处理效应降低的原因可能是，国家为了鼓励对外直接投资企业参与"一带一路"倡议给予了较大的政策红利，参与"一带一路"倡议的国家为了吸引中国企业投资同样给予了较多的短期优惠政策及保障，这存在较大的政府成本且未能持续，而随着时间的推移以及参与"一带一路"沿线投资的企业越来越多，政策红利不可避免地减少。

表 4-5 "一带一路"倡议对企业对外直接投资风险的动态边际处理效应

变量	未进行 PSM 处理		进行 PSM 处理后	
	模型（1）	模型（2）	模型（3）	模型（4）
$Policy \times Year2014$	−0.0080 （−0.74）	−0.0108 （−1.05）	−0.2350*** （−5.50）	−0.2410*** （−5.77）
$Policy \times Year2015$	−0.0047 （−0.38）	−0.0108 （−0.88）	−0.1290*** （−2.80）	−0.1390*** （−3.05）
$Policy \times Year2016$	−0.0096 （−0.76）	−0.0207 （−1.61）	−0.1670*** （−3.37）	−0.1780*** （−3.63）
$Year2014$	−0.0440*** （−7.64）	−0.0224*** （−2.66）	−0.0082*** （−3.32）	0.0101* （1.89）
$Year2015$	−0.0321*** （−4.69）	−0.0022 （−0.16）	−0.0089*** （−2.72）	0.0112 （1.50）

续表

变量	未进行 PSM 处理		进行 PSM 处理后	
	模型（1）	模型（2）	模型（3）	模型（4）
Year2016	−0.0320*** （−5.14）	0.0075 （0.43）	−0.0081*** （−2.93）	0.0154 （1.59）
Policy	0.0125 （1.12）	0.0163 （1.52）	0.6200*** （12.26）	0.6260*** （12.53）
Profit		0.0033** （2.21）		−0.0677 （−0.54）
Equity		0.2010*** （7.08）		0.2470*** （5.23）
Capital		0.0967 （1.54）		0.1290** （2.38）
Size		−0.0263** （−1.97）		−0.0192* （−1.91）
Cash		0.0289 （0.79）		−0.0233 （−0.82）
_cons	0.1360*** （38.92）	0.4670 （1.64）	0.0266*** （3.85）	0.2110 （0.92）
R^2	0.0267	0.1250	0.2050	0.2240
R^2_adj	0.0267	0.1250	0.2050	0.2240
N	5007	5006	4725	4724

注：*、**、*** 分别表示系数的估计值在 10%、5%、1% 的水平上显著，括号内为对应的标准误。

4.3　异质性检验

4.3.1　"一带一路"倡议对不同产权企业对外直接投资风险的影响

考虑到国有企业和非国有企业（民营企业、外资企业等）在企业管理、盈利能力等方面存在差异，因此"一带一路"倡议对不同产权企业对外直接投资风险的影响是否存在差异有待进一步检验。为此，本章在现有分析的基础上加入产权因素，具体做法是在式（4.4）的基础上加入国有企业和非国有企业的虚拟变量。首先分别设置国有企业（$State$）和非国有企业（$NonState$）虚拟变量，然后将其分别与式（4.4）的 DID 交互项 $Policy \times Year$ 相乘，得到 $State \times Policy \times Year$ 和 $NonState \times Policy \times Year$ 两项，以检验"一带一路""倡议对国有企业和非国有企业对外直接投资风险的影响。详细回归结果如表 4-6 所示。

表 4-6 显示了经过 PSM 处理后"一带一路"倡议对不同产权企业对外直接投资风险的影响。可以看到，模型（1）中 DID 交互项 $State \times Policy \times Year$ 的估计系数在 1% 的水平上显著为负，表明"一带一路"倡议能够有效降低国有企业的对外直接投资风险。模型（2）为加入控制变量后的估计结果，DID 交互项的估计系数同样在 1% 的水平上显著为负。模型（3）和模型（4）是以 $NonState \times Policy \times Year$

为 DID 交互项的估计结果，结果显示，DID 交互项的估计系数均在 1% 的水平上显著为负，同样表明"一带一路"倡议能显著降低非国有企业的对外直接投资风险。进一步对比国有企业和非国有企业 DID 交互项的估计系数发现，无论是否加入控制变量，非国有企业 DID 交互项的系数均小于国有企业 DID 交互项的系数，意味着"一带一路"倡议对不同产权企业对外直接投资风险的影响程度存在差异，即对非国有企业对外直接投资风险的降低程度要高于国有企业。查阅相关文献后，本书认为导致上述差异的原因有以下几个方面：首先，与其他所有制企业相比，国有企业表现出相对较低的投资效率。尽管随着国企改制的深入推进，国有企业与其他所有制企业在投资效率上的差距越来越小，但国有企业在投资效率、创新效率、风险管理等方面仍存在一定问题（孔东民、代昀昊和李阳，2014；董晓庆、赵坚和袁朋伟，2014）。其次，国有企业的身份地位决定了其在"一带一路"沿线进行对外直接投资时部分存在非市场行为，而非国有企业在"一带一路"沿线进行对外直接投资时会积极利用本国和东道国的政策优惠，更多地表现为市场行为，因此相比国有企业而言，非国有企业在投资效率、风险管理等方面更具优势。最后，国有企业开展对外直接投资时更有可能被东道国怀疑带有政治目的，相比非国有企业遭遇的安全审查更为频繁，以致在对外直接投资中遭遇较多的政治风险（太平和李姣，2015）。

表 4-6 "一带一路"倡议对不同产权企业对外直接投资风险的影响

变量	国有企业		非国有企业	
	模型（1）	模型（2）	模型（3）	模型（4）
$State \times Policy \times Year$	−0.1280*** （−3.34）	−0.1440*** （−3.83）		
$NonState \times Policy \times Year$			−0.1660*** （−3.21）	−0.1690*** （−3.37）
$Year$	−0.0335*** （−4.45）	−0.0180** （−2.37）	−0.0188*** （−5.21）	−0.0047 （−0.69）
$Policy$	0.5360*** （13.75）	0.5380*** （13.99）	0.5990*** （11.44）	0.6020*** （11.65）
$Profit$		−0.1070 （−0.90）		−0.0954 （−0.76）
$Equity$		0.2410*** （5.18）		0.2540*** （5.29）
$Capital$		0.1650*** （2.83）		0.1300** （2.40）
$Size$		−0.0118 （−1.30）		−0.0126 （−1.40）
$Cash$		−0.0208 （−0.72）		−0.0209 （−0.74）
$\_cons$	0.0413*** （6.26）	0.0584 （0.27）	0.0305*** （4.11）	0.0773 （0.37）
R^2	0.1830	0.2010	0.1940	0.2120
R^2_adj	0.1830	0.2010	0.1940	0.2120
N	4725	4724	4725	4724

注：*、**、***分别表示系数的估计值在10%、5%、1%的水平上显著，括号内为对应的标准误。

4.3.2 邻国与非邻国下"一带一路"倡议对企业对外直接投资风险的影响

当企业对外直接投资目的地为邻国（和我国接壤，也包括隔海相望的国家或者地区）或者非邻国时，"一带一路"倡议对企业对外直接投资风险的影响是否存在差异？为此，本章进一步将64个参与"一带一路"倡议的国家区分为邻国和非邻国，在原有基础上检验"一带一路"倡议对企业对外直接投资风险的影响。具体做法是在式（4.4）的基础上加入邻国和非邻国的虚拟变量。首先分别设置邻国（*Border*）和非邻国（*NonBorder*）虚拟变量，然后将其分别与DID交互项 *Policy* × *Year* 相乘，得到 *Border* × *Policy* × *Year* 和 *NonBorder* × *Policy* × *Year* 两项，以检验投资目的地为邻国或者非邻国时"一带一路"倡议对企业对外直接投资风险的影响。详细结果如表4-7所示。

表4-7显示了经过PSM处理后，邻国与非邻国下"一带一路"倡议对企业对外直接投资风险的影响。表4-7中模型（1）和模型（2）列示了以 *Border* × *Policy* × *Year* 为DID交互项的估计结果。从结果中可以看出，未加入控制变量的DID交互项的系数为负且没有通过显著性检验，加入控制变量后，DID交互项的系数为负且通过了5%的显著性检验，前后的结果表现出不一致性。模型（3）和模型（4）列示了以 *NonBorder* × *Policy* × *Year* 为DID交互项的估计结果。从结果中可以看到，无论是否加入控制变量，DID交互项的系数均在1%的水平上显著为负，即"一带一路"倡议显著降低了

企业的对外直接投资风险。对比邻国和非邻国下 DID 交互项的估计系数和显著性发现，后者估计系数的显著性水平高于前者，且表现出很强的一致性，同时后者的系数值要远低于前者，表明相对于投资目的地为邻国的企业而言，"一带一路"倡议对投资目的地为非邻国的企业对外直接投资风险的降低程度更高且更显著。导致这种显著差异的主要原因可能是，相对于非邻国而言，我国企业在周边接壤的国家或者地区投资存在一定的地缘政治风险，直接影响到企业对外直接投资风险的水平（孙楚仁、张楠和刘雅莹，2017）。

表 4-7 邻国与非邻国下"一带一路"倡议对企业对外直接投资风险的影响

变量	邻国		非邻国	
	模型（1）	模型（2）	模型（3）	模型（4）
Border × Policy × Year	−0.0699 （−1.62）	−0.0826** （−1.98）		
NonBorder × Policy × Year			−0.2470*** （−4.20）	−0.2450*** （−4.27）
Year	−0.0327*** （−5.12）	−0.0177** （−2.38）	−0.0214*** （−3.89）	−0.0067 （−0.98）
Policy	0.5510*** （12.08）	0.5570*** （12.37）	0.5630*** （13.04）	0.5640*** （13.23）
Profit		−0.1180 （−0.96）		−0.0712 （−0.61）
Equity		0.2490*** （5.25）		0.2360*** （5.21）
Capital		0.1530** （2.58）		0.1450*** （2.69）

续表

变量	邻国		非邻国	
	模型（1）	模型（2）	模型（3）	模型（4）
Size		−0.0115 （−1.26）		−0.0124 （−1.41）
Cash		−0.0206 （−0.72）		−0.0198 （−0.69）
_cons	0.0389*** （5.53）	0.0541 （0.25）	0.0362*** （5.24）	0.0769 （0.37）
R^2	0.1810	0.1990	0.2010	0.2180
R^2_adj	0.1810	0.1990	0.2010	0.2180
N	4725	4724	4725	4724

注：*、**、*** 分别表示系数的估计值在 10%、5%、1% 的水平上显著，括号内为对应的标准误。

4.4 本章小结

本章使用 2011—2016 年上市公司财务数据，采用倾向得分匹配法为投资目的地为表 4-1 所列国家和地区的企业匹配合适的对照企业，克服可能存在的内生性问题和样本选择偏差问题，在此基础上构建双重差分模型检验"一带一路"倡议对企业对外直接投资风险的影响。研究结果表明：第一，不考虑动态边际效应的情况下，"一带一路"倡议对企业对外直接投资风险产生了显著的负向影响，即能显著降低企业的对外直接投资风险;第二,"一带一路"倡议对企业对外直接投资风险的影响是一个动态调整过程,影响程度整体呈现递减趋势,即边际影响力随时间推移不断降低;第三,"一带一路"倡议对不同产权企业对外直接投资风险的影响程度存在差异,表现为对非国有企业对外直接投资风险的降低程度高于国有企业;第四,"一带一路"倡议对不同投资目的地企业对外直接投资风险的影响存在差异,相对于投资目的地为邻国的企业而言,"一带一路"倡议对投资目的地为非邻国的企业对外直接投资风险的降低程度更高。

在政府"走出去"战略的推动下,中国企业对外直接投资快速发展,但不容忽视的是,由于东道国复杂的政治环境,以及与我国经济发展水平、宗教文化、法律体系等的差异,我国企业对外直接投资面临一定的风险。如何更好地防范企业对外直接投资风险和降低损失成为政府深入实施"走出去"战略的重点,而"一带一路"倡议的提出恰逢其时。基于实证分析,本章提出以下政策建议:第一,由于随着时间的推移,"一带一路"倡议对企业对外直接投资风险的降低程度有所下降,因此,政府应该在企业"走出去"的过程中进一步发挥桥梁作用,借助"一带一路"倡议进一步拓展与沿线各国经贸交流与合作的广度和深度,建立更深层次的关系,为企业"走出去"提供更多的便利化支持。第二,国有企业虽然积极参与"一带一路"倡议,但相对非国有企业而言,"一带一路"倡议对国有企业对外直接投资风险的降低程度较小,因此有必要指引国有企业在对外直接投资中更多地以市场为导向,降低企业的对外直接投资风险。第三,虽然当前我国和周边一些接壤或者隔海相望的国家存在不同程度的争端,增加了企业的投资风险,但由于与周边国家地理位置相邻、双边文化差异较小、交通便利等，在这些国家开展投资贸易有着不可比拟的优势。"一带一路"倡议为双边高层交流带来了新的契机，政府应借此机会加强双边政治互信，降低双边摩擦、矛盾和争端对企业对外直接投资的影响，为企业在邻国投资创造条件。

5

"一带一路"倡议对企业全要素生产率的影响

企业的全要素生产率衡量企业不归因于资本和劳动要素投入的那部分产出，是衡量企业生产效率的重要指标，体现了企业的生产技术水平。在经济全球化的大背景下，一国企业的生产效率或者技术水平不仅仅取决于国内的研发投入，还取决于企业在他国获取的技术溢出（鲁万波、常永瑞和王叶涛，2015）。通常来讲，进口或者外商直接投资对本国技术进步的推动作用非常有限，也不利于本国企业的产品保持竞争优势（Potterie 和 Lichtenberg，2001），但开展对外直接投资则可以获得人才等研发资源，掌握技术动态。越来越多的研究表明，对外直接投资是获取国际技术溢出的重要渠道，发展中国家开展对外直接投资更容易获取发达国家的技术溢出，而随着全球竞争的加剧，发达国家通过对发展中国家进行直接投资同样可以获得东道国的技术溢出，进而提高企业的全要素生产率水平（李梅和柳士昌，2012）。由此可见，企业借助"走出去"战略和"一带一路"倡议开展对外直接投资是企业获取国际技术溢出和提高全要素生产率的重要途径。

中国的对外直接投资在"走出去"战略的推动下取得了飞速发展，2002—2015 年对外直接投资额的年均增长速度高达 35.9%，中国已成为仅次于美国的全球第二大对外直接投资国（按对外直接投资流量计算),也首次实现双向直接投资项下资本的净流出(赵宸宇和李雪松,2017)。"走出去"战略对提升中国国际地位、平衡国际收支、调整经济结构以及企业技术创新和提高生产率水平等有着积极作用,越来越多的企业意识到"走出去"的重要性。"一带一路"倡议顺应了经济全球化的大趋势,客观上推动中国企业积极地"走出去",特别是为企业在"一带一路"沿线国家和地区开展对外直接投资提供了契机(周茂、陆毅和陈丽丽,2015)。

已有的研究成果中有越来越多的经验证据支持对外直接投资对企业获取技术溢出和提高全要素生产率的积极效应。鲁万波、常永瑞和王叶涛(2015)从投资国技术研发和全要素生产率两个角度检验了对外直接投资的溢出效应,发现短期内对外直接投资推动了国内技术研发水平的提高,长期来看对外直接投资对企业全要素生产率的提高具有积极效应。肖慧敏和刘辉煌(2014)的研究结论同样支持了对外直接投资显著提高了企业全要素生产率的观点,同时认为相比对外直接投资目的地为发展中国家,投资目的地为发达国家时,企业获得更多的国际技术溢出,拥有更强的学习能力。赵宸宇和李雪松(2017)以上市公司微观企业数据为样本,实证检验了对外直接投资对企业技术创新的影响,认为对外直接投资能显著提高企业的技术创新能力,且国有企业、综合型企业对发达国家进行直接投资时更容易获取技术创新溢价。当然,也有部分学者并不完全认可企业对外直接投资对全要素生产率的积极效应,比如蒋冠宏和蒋殿春(2014)采用双重差分模型实证检验了对外直接投资与企业全要素生产率的关系,虽然认可企业对外直接投资对企业全要素生产率的提升作用,但认为这种提升作用会随时间的推移而降低,且企业技术研发型外向投资对企业全要素生产率的提升作用不显著。

　　自"一带一路"倡议实施后，我国企业对外直接投资规模，特别是在沿线国家和地区的对外直接投资规模不断扩大。那么，"一带一路"倡议是否推动了中国企业在沿线国家和地区对外直接投资规模的扩大？在"一带一路"倡议的背景下中国企业对外直接投资的成效如何？对外直接投资是否提高了中国企业的技术创新水平？企业的全要素生产率是否在"一带一路"倡议的背景下得到提高？这些都是中国政府、企业、社会以及学术界关注的问题。鉴于此，本章以上市公司为样本，以《愿景与行动》圈定的 18 个省份以及重点建设节点城市为划分依据，尝试将倾向得分匹配 – 双重差分法（PSM-DID）引入分析中，实证检验"一带一路"倡议对企业全要素生产率的影响。

5.1　研究设计、数据来源和变量说明

5.1.1　一个准自然实验："一带一路"倡议在各省市的实施

　　自 2013 年提出"一带一路"倡议以来，国家出台了一系列政策支持"一带一路"建设，特别是 2015 年 3 月由国务院授权，国家发展改革委等三部委联合发布《推动共建丝绸之路经济带和 21 世纪海

上丝绸之路的愿景与行动》(以下简称《愿景与行动》)。《愿景与行动》提出了"一带一路"建设的重点和方向,对各省市在"一带一路"建设中的定位加以明确,圈定了陕西、甘肃、浙江等18个重点建设省份,并将新疆和福建分别定位为"丝绸之路经济带核心区"和"21世纪海上丝绸之路核心区",同时提出建设成都、武汉、西宁、郑州、长沙、南昌、合肥7个高地和上海、广州、天津等15个港口,详细资料如表5-1所示。《愿景与行动》发布后,地方各级政府积极部署方案,制定符合本省市实际情况的具体衔接政策,推动本地区的企业以更便捷的方式与"一带一路"沿线国家和地区进行经贸合作。另外,在2015年地方两会上,新疆、福建等20个省份将"一带一路"倡议写入政府工作报告中,并出台相应的配套措施,诸如做好沿线国家的政治、法律、社会、政策等风险评估,完善涉外保障等,从而全方位地为本省市企业在"一带一路"沿线国家和地区进行投资提供相应的支持(孙楚仁、张楠和刘雅莹,2017)。自此,"一带一路"倡议进入了实质性发展阶段。

表5-1 "一带一路"倡议重点建设省市分布

级别	数目	省市
核心	2个	福建、新疆
重点省份	18个	重庆、浙江、云南、新疆、西藏、上海、陕西、青海、宁夏、内蒙古、辽宁、吉林、黑龙江、海南、广西、广东、甘肃、福建
高地	7个	郑州、长沙、西宁、武汉、南昌、合肥、成都

续表

级别	数目	省市
重点建设港口	15 个	大连、福州、广州、海口、宁波 – 舟山、青岛、泉州、三亚、厦门、汕头、上海、深圳、天津、烟台、湛江
国际枢纽机场	2 个	上海、广州

资料来源：综合整理自《推动共建丝绸之路经济带和 21 世纪海上丝绸之路的愿景与行动》。

"一带一路"倡议涉及社会经济的各个领域，必然对企业的生产经营产生广泛而深刻的影响。在当前我国企业杠杆水平高、库存积压严重和产量过剩的大背景下，企业的投资回报率处于较低水平，企业的生产效率普遍较低。"一带一路"倡议在各个省份实施后，给予了企业较大的政策优惠，对企业生产率的提高有着积极意义，同时"一带一路"倡议为企业积极"走出去"创造了条件，有助于企业更便捷地融入国际市场，参与国际竞争。本章将实证检验"一带一路"倡议对企业全要素生产率的影响，而"一带一路"倡议在各个省市的实施为此提供了一个准自然实验。

5.1.2 双重差分模型的设定

本章沿用上一章的双重差分模型，该模型在评估政策效果上具有显著的优势，能有效地剔除非政策干扰性因素，以此衡量政策对企业全要素生产率的影响。在本章中，由于只有在 2014 年开始实施"一带一路"倡议的地区的企业才会受到影响，因此将地处实施"一带一路"倡议省市（见表 5–1）的企业作为实验组，地处其他省市的企业作为控制组。根据本章的研究目的,在模型中,设定企业全要素生产率(TFP)为因变量;设定虚拟变量$Policy$,如果企业所在地为《愿景与行动》中重点建设的省市,则$Policy=1$,否则,$Policy=0$;同时设定虚拟变量$Year$,由于"一带一路"倡议最早在 2013 年提出,真正开始落地执行是在 2014 年,因此将 2014 年作为时间节点,令"一带一路"倡议实施年份 2014 年及其以后年份的虚拟变量$Year=1$,其他年份的虚拟变量$Year=0$。

根据上述界定,本章的基本回归模型设定如下:

$$TFP_{it} = \beta_0 + \beta_1 Policy_{it} \times Year_{it} + \beta_2 Policy_{it} + \beta_3 Year_{it}$$
$$+ \beta_j \sum_{j=1}^{n} Control + \varepsilon_{it} \quad (5.1)$$

其中:TFP_{it}为本章的因变量,衡量企业 i 在 t 期的全要素生产率;$Policy_{it}$为"一带一路"倡议虚拟变量;$Year_{it}$为时间虚拟变量;$Control$为控制变量;ε_{it}为扰动项;β为回归系数;$Policy_{it} \times Year_{it}$为 DID 交互项,其估计系数$\beta_1$为本章关心的对象,如果$\beta_1$的值显著大于 0,则表示"一带一路"倡议显著提高了企业的全要素生产率。

考虑到"一带一路"倡议的实施存在一个过程,中央和地方政府对"一带一路"倡议的支持力度也是不断增加的,因此有必要考虑随时间推移"一带一路"倡议的动态边际处理效应,以进一步验证"一带一路"倡议对企业全要素生产率的动态边际影响。基于此,本章在式(5.1)的基础上引入时间虚拟变量,如式(5.2)所示:

$$TFP_{it} = \beta_0 + \beta_1 Policy_{it} \times Year2014_{it} + \beta_2 Policy_{it} \times Year2015_{it} + \beta_3 Policy_{it}$$
$$\times Year2016_{it} + \beta_4 Year2014_{it} + \beta_5 Year2015_{it} + \beta_6 Year2016_{it}$$
$$+ \beta_7 Policy_{it} + \beta_j \sum_{j=1}^{n} Control + \varepsilon_{it} \quad (5.2)$$

其中，$Year2014$—$Year2016$ 为对应年份的虚拟变量，DID 交互项 $Policy_{it} \times Year2014_{it}$、$Policy_{it} \times Year2015_{it}$ 和 $Policy_{it} \times Year2016_{it}$ 的估计系数为本章关注的对象，其系数值反映了随年份变动"一带一路"倡议对企业全要素生产率的影响程度。

5.1.3 倾向得分匹配模型的设定

在进行倾向得分匹配时，依据双重差分模型的设定，从样本中选取两类企业作为匹配对象：一类是位于"一带一路"倡议重点建设省市的企业，即实验组；另一类是位于非"一带一路"倡议重点建设省市的企业，这类企业基本不受"一带一路"倡议的影响，即控制组。在匹配方法上，采用 Logit 模型估计倾向得分，并采用宽带为 0.06 的核匹配法确定权重，施加了共同支持条件。在考虑影响企业全要素生产率的相关因素的基础上，本章采用企业资产规模（$LnAsset$）、营业收入（$LnIncome$）、固定资产规模（$LnFixedassets$）、流动资产规模（$LnCurrentassets$）、企业所有者权益（$LnEquity$）、员工工资（$LnSalary$）六个可观测变量进行匹配。从表 5-2 所示的匹配结果来看：在匹配前，实验组和控制组两组样本的标准化偏差的绝对值均大于 10%，表明两组样本在可观测变量上存在显著差异；进行 PSM 处理后，实验组和控制组两组样本的标准化偏差的绝对值均低于 10%（最高值为 3.4%），差异程度大幅度下降。从 T 检验的伴随概率 P 值可知，除了企业资产规模和固定资产规模两个变量以外，实验组和控制组在 10% 的水平上不能拒绝不存在显著差异的原假设（匹配前拒绝了实验组和控制组不存在显著差异的原假设），表明本章选取的可观测变量合适，且核匹配估计可靠，实验组和控制组在可观测变量上不存在明显差异。

表 5-2　匹配前后可观测变量的平衡性检验结果

变量	类型	均值		标准化偏差／%	标准化偏差变化／%	t 值	p>ltl
		实验组	控制组				
LnAsset	匹配前	12.35	12.52	−12.00	78.20	−8.05	0.000
	匹配后	12.35	12.31	2.60		2.20	0.028
LnIncome	匹配前	11.74	11.94	−13.20	92.20	−8.87	0.000
	匹配后	11.74	11.72	1.00		0.87	0.382
LnFixedassets	匹配前	10.36	10.64	−15.10	77.30	−10.09	0.000
	匹配后	10.36	10.42	−3.40		−2.85	0.004
LnSalary	匹配前	7.24	7.42	−10.00	86.00	−6.63	0.000
	匹配后	7.24	7.22	1.40		1.15	0.250
LnCurrentassets	匹配前	11.73	11.91	−12.80	86.20	−8.56	0.000
	匹配后	11.73	11.70	1.80		1.49	0.136
LnEquity	匹配前	11.70	11.86	−12.40	88.70	−8.33	0.000
	匹配后	11.70	11.68	1.40		1.18	0.240

注：采用宽带为 0.06 的核匹配法。

5.1.4　数据来源和变量说明

本章根据研究的需要，采用 A 股上市公司的财务数据，时间跨度为 2011—2016 年，并采用通用的做法剔除金融类企业；行业分类依据为证监会颁布的行业分类标准；另外，根据《愿景与行动》中所列的"一带一路"倡议重点建设省市对企业所在地进行区分。

本章以全要素生产率（*TFP*）衡量企业的生产率，采用 Levinsohn-

Petrin 法估计。同时，参考相关文献，选取以下变量作为实证分析的控制变量：市场垄断程度（MP），以企业营业总收入占行业营业总收入之比衡量，借以反映企业对市场的支配能力；财务杠杆（LEV），以流动资产负债占总资产的比值衡量，借以反映企业的资金运用情况，包括偿债能力；职工薪酬（ES），以应付职工薪酬占总资产的比值衡量；资本密集度（KL），以固定资产与员工总数之比衡量；企业总税率（TAX），以企业纳税总额与利润之比衡量，借以反映企业的税收负担。各变量的统计性描述如表 5-3 所示。

表 5-3　变量的统计性描述

变量	最大值	最小值	均值	50 分位点	标准差
TFP_LP	118.900	0.006	5.755	4.614	5.188
MP	0.624	0.000	0.005	0.001	0.027
LEV	46.160	−0.195	0.442	0.424	0.469
ES	1.186	−0.001	0.012	0.007	0.019
KL	18326.000	0.006	56.060	22.310	308.100
TAX	37.270	−134.800	0.154	0.155	1.538

5.2　企业全要素生产率测算

本章研究"一带一路"倡议对企业全要素生产率的影响。经典的经济理论认为，劳动、资本和技术是经济增长最重要的源泉（杨汝岱，2015）。改革开放以来，由于具有充足廉价的劳动力和大量的资本积累，我国经济取得了高速发展，企业获得了高额的回报，但随着人口红利的衰减以及资金成本的提高，红利不断被压缩，因而技术进步成为经济持续发展和企业竞争力提升的关键。全要素生产率衡量生产中不能归因于要素（劳动和资本）投入的那部分产出，即总产出中不能由要素投入所解释的那部分"剩余"（鲁晓东和连玉君，2012；孔东民、代昀昊和李阳，2014；杨汝岱，2015）。全要素生产率用来解释企业的技术水平、管理效率、知识水平、制度环境等，在经济研究中作为反映宏观经济以及微观企业生产率的指标得到了很广泛的运用。例如，Wen（1993）、Kalirajan 等（1996）、Guo 和 Jia（2005）等较早地测算了中国的全要素生产率，并发现中国的全要素生产率存在地域差异且周期性波动较大；Miller 和 Upadhyay（2000）测算了发达国家和发展中国家的全要素生产率，发现一国的开放程度、人力资本等会影响该国的全要素生产率水平；Hsieh 和 Klenow（2009）通过测算印度和中国的全要素生产率发现，资源错配会显著降低全要素生产率，并通过对比发现中国的资源错配程度高于印度，导致中国制造业的全要素生产率水平低于印度。参考以往的文献，本章以中国 A 股上市公司为样本，估算企业的全要素生产率。

全要素生产率的估计方法一般有三种：参数法、非参数法和半参数法。参数法主要是运用最小二乘法和固定效应估计法估算出生产函数，然后求得索洛残差值进行测算；非参数法主要是数据包络法和指数法，不需要对生产函数做先验设定；半参数法是参数法和非参数法的结合，常用的估计方法是 Olley-Pakes 法和 Levinsohn-Petrin 法（孔东民、代昀昊和李阳，2014）。本章使用的方法为参数法和半参数法，具体估计方法主要有固定效应估计法、Olley-Pakes 法、Levinsohn-Petrin 法和广义矩估计法（Blundell 和 Bond，1998）。不同的估计方法各有优劣，在学术界也存在很大的争议（杨汝岱，2015），在此我们不做过多评述。以下主要介绍参数法和半参数法这两种主要的估计方法。

首先是参数法。运用参数法估计全要素生产率的基本思路是先对生产函数的具体形式根据实际需要进行设定，然后运用最小二乘法或者固定效应估计法对生产函数进行估算，最后求得索洛残差值（Solow Residual）进行测算。在生产函数的设定中，较多地采用柯布－道格拉斯生产函数（Cobb-Douglas 生产函数，又称为 C-D 生产函数）。此外，更为灵活的生产函数是超越对数生产函数，其放松了 Cobb-Douglas 生产函数中关于常数替代弹性的假设，且相比 Cobb-Douglas 生产函数能更好地避免由于函数形式设定错误导致的估计偏误（王争、郑京海和史晋川，2006）。在实际应用中，由于超越对数生产函数不能比 Cobb-Douglas 生产函数提供更多的信息，加上 Cobb-Douglas 生产函数结构简单易用，测算结果直观，因此 Cobb-Douglas 生产函数更受青睐（杨汝岱，2015）。Cobb-Douglas 生产函数的形式设定如下：

$$Y_{it} = A_{it} L_{it}^{\alpha} K_{it}^{\beta} e^{\mu_{it}} \tag{5.3}$$

其中：Y_{it} 表示企业产出；L_{it} 表示企业劳动力投入；K_{it} 表示企业资本投入；A_{it} 为企业的全要素生产率，用来解释生产中不能归因于劳动和资本要素投入的那部分产出；$e^{\mu_{it}}$ 为未观测部分。通过对式（5.3）等式两边取对数，可以转化为以下线性形式：

$$y_{it} = \alpha l_{it} + \beta k_{it} + \mu_{it} \qquad (5.4)$$

其中：y_{it}、l_{it} 和 k_{it} 分别为 Y_{it}、L_{it} 和 K_{it} 的对数形式；μ_{it} 为残差项，由两部分组成，包括企业全要素生产率 A_{it} 的对数形式和其他扰动项部分（鲁晓东和连玉君，2012）。通过最小二乘法（OLS）即可完成对式（5.4）的估计，然后计算出索洛残差值，即为全要素生产率。该估计方法简单易用，有着较为直接的经济学含义（聂辉华和贾瑞雪，2011），但不可避免地导致了计量技术问题，即同时性偏差和样本选择偏差问题，并且生产函数的设定也不一定符合现实情况，导致最终估计的全要素生产率存在偏误。相比最小二乘法，固定效应估计法能够修正同时性偏差问题，但固定效应估计法只适用于面板数据，并且数据中大量的信息未被完全使用（鲁晓东和连玉君，2012）。

其次是半参数法。半参数法主要有 Olley-Pakes 法、Levinsohn-Petrin 法和广义矩估计法（GMM 法）三种常见的估计方法。本章以 Olley-Pakes 法为主，下面主要介绍该方法的估计原理。参考 Olley 和 Pakes（1996）、聂辉华和贾瑞雪（2011）、鲁晓东和连玉君（2012）等对 Olley-Pakes 法的运用，本章先对生产函数进行设定。假定生产函数形式是 Cobb-Douglas 生产函数：

$$Y_{it} = A_{it} L_{it}^{\beta_1} M_{it}^{\beta_2} K_{it}^{\beta_3} e^{\mu_{it}} \qquad (5.5)$$

其中：A_{it} 表示全要素生产率；Y_{it} 为产出水平；L_{it} 和 K_{it} 分别为劳动和资本要素投入；M_{it} 为中间要素投入。对式（5.5）等式两边取对数后有如下形式：

$$y_{it} = \beta_0 + \beta_1 l_{it} + \beta_2 m_{it} + \beta_3 k_{it} + \mu_{it} \qquad (5.6)$$

为解决直接使用最小二乘法估计带来的同时性偏差和样本选择偏

差问题，可将式（5.6）的 μ_{it} 分解为 ω_{it} 和 η_{it} 两部分，即 $\mu_{it}=\omega_{it}+\eta_{it}$，其中 ω_{it} 是全要素生产率部分，η_{it} 为误差项部分和不可观测的技术冲击。Olley 和 Pakes（1996）发展了半参数估计方法，构建了企业当前资本存量和投资额的关系式（假定资本积累使用永续盘存法），即 $K_{it+1}=（1-\delta）K_{it}+I_{it}$，其中，$K_{it}$ 为资本存量，I_{it} 为投资，δ 为折旧率，并假定企业的投资决策是生产率、中间投入和资本的函数，用公式表示为 $i_t=i_t（\omega_t，m_t，k_t）$，然后代入式（5.6）构建半参数方程：

$$y_{it} = \beta_1 l_{it} + \varphi_t(i_{it},m_{it},k_{it}) + \eta_{it} \tag{5.7}$$

在完成半参数方程的构建后，还需要通过 Probit 模型估计企业的存活概率，概率方程构建如下：

$$\mathrm{Pr} = \{\mathcal{X}_{t+1} = 1 \mid \omega_{t+1}(m_{t+1},k_{t+1}),J_t\} = \rho_t\{\omega_{t+1}(m_{t+1},k_{t+1}),\omega_t\} \tag{5.8}$$

其中，J_t 为当期全部信息。进一步联立半参数方程式（5.7）和概率方程式（5.8），通过非线性最小二乘法完成对生产函数系数的估计，即可获得残差值，完成对全要素生产率的估计。运用 Olley-Pakes 法估计全要素生产率有一个很强的假定，即要求投资和总产出保持严格的单调关系，这个强假设意味着投资为零的样本不被估计，导致很多企业在估计的时候被剔除。鉴于此，Levinsohn 和 Petrin（2003）对 Olley-Pakes 法进行了发展，将更容易获取的中间投入指标作为投资额的代理变量。Olley-Pakes 法和 Levinsohn-Petrin 法适用的条件不同，但都是估计全要素生产率的有效方法，没有孰优孰劣之分。

由于 Olley-Pakes 法要求投资额不能为零和为负，且在实际估计中有一个企业退出生产变量，因此该方法并不适合估计时间跨度较短情况下企业的全要素生产率。本章采用 A 股上市公司 2011—2016 年的数据，由于时间跨度较短，且国内证券市场上没有或者极少有破产退出的公司等原因，Olley-Pakes 法在此不适用，故本章主要采用 Levinsohn-Petrin 法估计企业的全要素生产率。在稳健性检验中，本章还采用参数法中的固定效应估计法估计企业的全要素生产率。

表 5-4 列示了基于 Levinsohn-Petrin 法（简称 LP 法）估计的企业全要素生产率，作为对比，将样本分为国有企业和非国有企业，并统计了年度平均全要素生产率。结果显示：第一，整体而言，企业全要素生产率在 5.29%~7.32% 之间波动，与现有关于中国企业全要素生产率的估计结果大致相当（运用不同的估计方法估计的结果存在差异，但大部分关于中国企业全要素生产率的估计结果显示年度平均值在 4%~8% 之间，部分年份可能偏高或者偏低），表明估计结果具有可靠性；第二，不管是国有企业还是非国有企业，全要素生产率在 2011—2016 年期间呈缓慢下降趋势，这与当时我国企业面临产能过剩、高杠杆、高库存等问题有关，但通过数据可以直观地看到，非国有企业全要素生产率的下降幅度远高于国有企业，国有企业的全要素生产率相对保持稳定；第三，非国有企业的全要素生产率在不同的年份均明显高于国有企业，但差距呈收窄趋势，主要原因是非国有企业全要素生产率的下降趋势明显。

表5-4　基于LP法的国有企业和非国有企业各个年份全要素生产率平均值

年份	2011	2012	2013	2014	2015	2016
非国有企业	7.32	6.96	6.77	6.51	6.09	6.07
国有企业	5.47	5.31	5.47	5.46	5.29	5.33

5.3　实证结果与分析

5.3.1　平均处理效应和动态边际处理效应实证检验

本部分根据模型设定，在进行倾向得分匹配的基础上，采用固定效应面板双重差分模型对式（5.1）和式（5.2）进行估计。在该模型设定下，首先是通过一阶差分消除了时间变化因素，其次是由于存在共线性问题，政策虚拟变量在回归中被自动删除（后文将不再显示*Policy*项），但这并不影响估计结果及其有效性（Angrist和Pischke，2010）。回归结果如表5-5所示。

表5-5　"一带一路"倡议对企业全要素生产率的平均处理效应和动态边际处理效应

变量	模型（1）	模型（2）	模型（3）	模型（4）
Policy × *Year*	0.7450*** （5.85）	0.7480*** （5.88）		
Policy	omitted	omitted		

续表

变量	模型（1）	模型（2）	模型（3）	模型（4）
Year	−0.8420*** （−6.88）	−0.8230*** （−6.68）		
MP		33.5900*** （3.46）		33.5100*** （3.45）
LEV		1.8670*** （4.60）		1.7940*** （4.35）
ES		9.3830 （1.39）		9.3400 （1.39）
KL		0.0005* （1.66）		0.0005* （1.67）
TAX		−0.0030 （−0.67）		−0.0024 （−0.59）
Policy × Year2014			0.3740*** （3.37）	0.3760*** （3.39）
Policy × Year2015			0.7670*** （4.98）	0.7550*** （4.90）
Policy × Year2016			1.0930*** （6.30）	1.1150*** （6.43）
Year2014			−0.4190*** （−3.90）	−0.4230*** （−3.94）
Year2015			−0.9070*** （−6.10）	−0.8780*** （−5.86）
Year2016			−1.1980*** （−7.18）	−1.172*** （−6.93）
_cons	5.8590*** （229.73）	4.7670*** （24.77）	5.8590*** （229.56）	4.7990*** （24.39）

续表

变量	模型（1）	模型（2）	模型（3）	模型（4）
R^2	0.0144	0.0314	0.0189	0.0355
R^2_adj	0.0144	0.0314	0.0189	0.0355
N	19214	19002	19214	19002

注：*、**、*** 分别表示系数的估计值在10%、5%、1%的水平上显著，括号内为对应的标准误。

表5-5中模型（1）和模型（2）列示了式（5.1）的回归结果，模型（1）是未加入控制变量的回归结果，模型（2）是加入控制变量后的回归结果。结果显示，在未加入控制变量时和加入控制变量后，其DID交互项 $Policy \times Year$ 的系数均在1%的水平上高度显著，系数值符号为正，且两者系数值相差不大。结果表明，从平均处理效应来看，"一带一路"倡议对企业的全要素生产率产生了积极效应，显著提高了企业的全要素生产率水平，实证结果符合预期。"一带一路"倡议对企业全要素生产率的提高有着极强的现实支撑：首先，在"一带一路"倡议下我国与沿线许多国家和地区签订了双边合作协定等，为本国企业"走出去"创造了条件，使企业在资本和劳动力投入不变的情况下获得更多来自资本和劳动以外的收益，表现为企业全要素生产率的提高；其次，企业在"一带一路"倡议的推动下实施"走出去"战略，积极参与国际竞争，有利于企业技术水平的提高，从而对企业全要素生产率的提高产生积极作用。

需要注意的是，以上结果是基于平均处理效应，由于"一带一路"倡议从最初的构想到实施存在一个动态调整的过程，因此有必要进一步检验"一带一路"倡议对企业全要素生产率是否存在动态边际处理效应。为此，本章在式（5.1）的基础上加入年份虚拟变量，以评估"一带一路"倡议对企业全要素生产率的动态调整过程。表5-5中的模型（3）和模型（4）为式（5.2）的回归结果。模型（3）是未加入控制变量的回归结果，模型（4）是加入控制变量后的回归结果。结果显示，不管是未加入控制变量还是加入控制变量，DID交互项 *Policy × Year2014*、*Policy × Year2015* 和 *Policy × Year2016* 的系数均在1%的水平上高度显著，且系数值为正，表明随着"一带一路"倡议的逐步实施，企业的全要素生产率得到提高。对比系数值还发现 [具体分析以模型（4）为准]，其DID交互项的估计系数由2014年的0.3760上升到2015年的0.7550，最后上升到2016年的1.1150，表明"一带一路"倡议对企业全要素生产率的影响随着时间的推移越来越大。此外，结果还显示，DID交互项系数值的上升速度呈下降趋势，表明尽管"一带一路"倡议对企业全要素生产率的影响程度随时间推移而加深，但政策红利存在衰退的趋势。关于上述动态边际效应产生的原因，本书认为，"一带一路"倡议的实施是逐步加码的过程，随着时间的推移，各项政策不断推出，且相关配套方案不断完善，因此对企业全要素生产率的影响也存在由小到大的过程。另外，政策红利慢慢消退，可能与政策的周期有关。

5.3.2 "一带一路"倡议对不同产权企业全要素生产率的影响

与非国有企业相比，国有企业在生产经营中经常被贴上生产效率低的标签（姚洋和章奇，2001；孔东明、代昀昊和李阳，2014），因此有必要进一步检验"一带一路"倡议对不同产权企业全要素生产率的影响。具体的模型设定主要是加入两类产权虚拟变量：一是设置国有企业虚拟变量，如果样本企业为国有企业，则令 $State=1$，否则取值为 0；二是设置非国有企业虚拟变量，如果样本企业为非国有企业，则令 $NonState=1$，否则取值为 0。设置虚拟变量后与式（5.1）的 DID 交互项 $Policy \times Year$ 相乘，分别得到 $State \times Policy \times Year$ 和 $NonState \times Policy \times Year$ 两项，以检验不同产权下"一带一路"倡议对企业全要素生产率的影响。表 5-6 给出了具体的回归结果。

在表 5-6 中，模型（1）和模型（2）是"一带一路"倡议对国有企业全要素生产率的影响，模型（1）是未加入控制变量的回归结果，模型（2）是加入控制变量后的回归结果。结果显示，不管是未加入控制变量还是加入控制变量，其 DID 交互项 $State \times Policy \times Year$ 的估计系数均未通过显著性检验，因此并不能说明"一带一路"倡议对国有企业全要素生产率存在显著的正向影响。模型（3）和模型（4）是"一带一路"倡议对非国有企业全要素生产率的影响，同样模型（3）和模型（4）分别是未加入控制变量和加入控制变量后的回归结果。回归结果显示，在未加入控制变量的情况下，其 DID 交互项 $NonState \times Policy \times Year$ 的估计系数在 1% 的水平上高度显著，且系数值为正，加入控制变量后依然在 1% 的水平上显著，且系数值相差不大，表明"一带一路"倡议对非国有企业的全要素生产率有正向效应，显著提高了非国有企业的全要素生产率水平。本书认为，导致上述差异的原因有以下几个方面：其一，"一带一路"倡议为企业"走出去"创造了条件，更好地推动企业参与国际竞争，进而推动企业通过竞争提高自身的生产效率，但由于自身管理水平、企业的政府背景等因素的限制，国有企业在参与国际竞争方面表现滞后，"一带一路"倡议对其全要素生产率的影响程度有限。相比国有企业，非国有企业在组织效率、管理能力、研发能力、技术能力、自主创新能力方面更具优势，加上"一带一路"倡议带来的政策机会，其积极"走出去"参与国际竞争，因此"一带一路"倡议对非国有企业全要素生产率的影响较为显著。其二，国有企业多属于能源、交通、通信、水利等重资产和劳动密集型产业，加之国有企业面临着更重的社会责任，比如吸纳就业人口等，因此尽管近几年我国面临产能过剩、库存积压严重等问题，但国有企业并未进行大规模裁员。根据全要素生产率的含义，全要素生产率解释生产中不能归因于要素（劳动和资本）投入的那部分产出，即总产出中不能由要素投入所解释的那部分"剩余"。国有企业全要素生产率的提高面临着自身产权制度的影响，"一带一路"倡议并不能改变国有企业的要素投入结构，因此对国有企业全要素生产率的影响不显著。相反，非国有企业集中在轻资产且劳动要素投入少的行业，因此"一带一路"倡议对其全要素生产率的影响更为明显。

表5-6 "一带一路"倡议对不同产权企业全要素生产率的影响

变量	模型（1）	模型（2）	模型（3）	模型（4）
$State \times Policy \times Year$	−0.0239 （−0.26）	0.0113 （0.12）		
$NonState \times Policy \times Year$			0.7040*** （7.58）	0.6850*** （7.40）
$Year$	−0.3580*** （−6.07）	−0.3430*** （−5.78）	−0.6820*** （−8.15）	−0.6530*** （−7.67）
控制变量	否	是	否	是
_cons	5.8590*** （225.70）	4.7660*** （24.73）	5.8560*** （231.93）	4.7700*** （24.88）
R^2	0.0073	0.0243	0.0142	0.0308
R^2_adj	0.0073	0.0243	0.0142	0.0308
N	19214	19002	19214	19002

注：*、**、***分别表示系数的估计值在10%、5%、1%的水平上显著，括号内为对应的标准误。

5.3.3 "一带一路"倡议对不同雇员密度企业全要素生产率的影响

企业全要素生产率解释不能归因于资本和劳动要素投入的那部分产出，因此劳动密集型产业意味着较多的劳动要素投入，即较低的全要素生产率。鉴于此，有必要进一步分析不同雇员密度下"一带一路"倡议对企业全要素生产率的影响。本章按照以下步骤完成检验：首先，本章参考已有文献对企业雇员密度进行分类，即以行业（按照证监会颁布的行业分类标准）单位资产雇员数（行业雇员总数／行业总资产）为依据，计算行业的平均单位资产雇员数，并以中位数为分位点，然后计算企业单位资产雇员数（企业雇员总数／企业总资产），如果企业单位资产雇员数大于或者等于行业单位资产雇员数的中位数，则该企业为劳动密集型企业，如果企业单位资产雇员数小于行业单位资产雇员数的中位数，则该企业为非劳动密集型企业（潘红波和陈世来，2017）；其次，将样本分为非劳动密集型企业和劳动密集型企业两组，在分样本下对式（5.1）进行回归。表5-7显示了回归结果。

表5-7中模型（1）是非劳动密集型企业样本的回归结果，其DID交互项 $Policy \times Year$ 的估计系数在5%的水平上显著，且系数符号为正。模型（2）是劳动密集型企业样本的回归结果，其DID交互项 $Policy \times Year$ 的估计系数在1%的水平上高度显著，且系数符号也为正。综合两者结果来看，"一带一路"倡议对劳动密集型企业和非劳动密集型企业的全要素生产率都具有正向效应，均提高了两类企业的全要素生产率。但进一步对比两类样本可知，其DID交互项系数的显著性和大小均存在差异。具体来说，非劳动密集型企业样本DID交互项系数的显著性（在5%的水平上显著）低于劳动密集型企业样本DID交互项系数的显著性（在1%的水平上显著），且后者的系数值为1.5510，明显大于前者的系数值0.7870，意味着"一带一路"倡议对劳动密集型企业全要素生产率的影响要明显大于对非劳动密集型企业全要素生产率的影响。

由于产权差异对企业的全要素生产率存在影响，因此接下来引入国有企业和非国有企业的虚拟变量进行检验。与前一小节相似，分别设置两类虚拟变量：一是设置国有企业虚拟变量，如果样本企业为国有企业，则令 $State=1$，否则取值为 0；二是设置非国有企业虚拟变量，如果样本企业为非国有企业，则令 $NonState=1$，否则取值为 0。设置虚拟变量后与式（5.1）的 DID 交互项 $Policy \times Year$ 相乘，分别得到 $State \times Policy \times Year$ 和 $NonState \times Policy \times Year$ 两项。然后分非劳动密集型企业和劳动密集型企业两类样本进行回归，回归结果如表 5-7 模型（3）至模型（6）所示。模型（3）和模型（4）是非劳动密集型企业样本的回归结果，可以清晰地看到，模型（3）DID 交互项 $State \times Policy \times Year$ 的系数没有通过显著性检验，而模型（4）DID 交互项 $NonState \times Policy \times Year$ 的系数在 1% 的水平上高度显著，且系数值为正，表明在非劳动密集型企业样本下，"一带一路"倡议对非国有企业的全要素生产率存在正向影响。模型（5）和模型（6）是劳动密集型企业样本的回归结果，结果显示，模型（5）DID 交互项 $State \times Policy \times Year$ 的系数通过了 10% 的显著性检验，且系数值为正，模型（6）DID 交互项 $NonState \times Policy \times Year$ 的系数在 1% 的水平上显著为正，两者结果显示在劳动密集型企业样本下，"一带一路"倡议对国有企业和非国有企业均产生显著的正向效应，即提高了国有企业和非国有企业的全要素生产率。但进一步对比发现，不管是非劳动密集型企业样本下还是劳动密集型企业样本下，"一带一路"倡议对非国有企业全要素生产率的影响要明显高于对国有企业全要素生产率的影响，这和前面小节的结论一致，表明劳动要素投入分样本下"一带一路"倡议对不同产权企业全要素生产率的影响依然存在差异。

表 5-7 不同雇员密度下"一带一路"倡议对企业全要素生产率的影响

变量	模型（1）	模型（2）	模型（3）	模型（4）	模型（5）	模型（6）
$Policy \times Year$	0.7870** （2.46）	1.5510*** （3.25）				
$State \times Policy \times Year$			0.1890 （1.03）		0.4380* （1.69）	
$NonState \times Policy \times Year$				0.5850*** （3.01）		1.0320*** （3.61）
$Year$	−0.8380*** （−2.65）	−1.5410*** （−3.27）	−0.3690** （−2.14）	−0.4860*** （−3.15）	−0.6070*** （−2.58）	−0.8940*** （−3.37）
MP	70.3600*** （4.62）	4.2580 （0.86）	71.8100*** （4.69）	69.8700*** （4.57）	4.7970 （0.93）	4.2750 （0.91）
LEV	2.1600*** （2.66）	1.5140*** （2.86）	2.1060** （2.56）	2.1380*** （2.61）	1.4680*** （2.75）	1.4750*** （2.77）
ES	4.3960 （0.34）	19.6100*** （3.18）	4.4630 （0.35）	4.5570 （0.35）	20.6400*** （3.20）	20.7900*** （3.32）
KL	0.0002 （0.99）	0.0054** （2.44）	0.0002 （1.02）	0.0002 （0.95）	0.0053** （2.43）	0.0053** （2.44）

续表

变量	模型（1）	模型（2）	模型（3）	模型（4）	模型（5）	模型（6）
TAX	-0.0033	0.0578	-0.0036	-0.0036	0.0525	0.0515
	（-0.56）	（1.60）	（-0.60）	（-0.62）	（1.47）	（1.41）
_cons	4.5200***	4.7810***	4.5400***	4.4320***	4.7850***	4.7830***
	（11.07）	（20.80）	（10.76）	（11.19）	（20.67）	（20.82）
R^2	0.0363	0.0439	0.0334	0.0349	0.0378	0.0406
R^2_adj	0.0363	0.0439	0.0334	0.0349	0.0378	0.0406
N	11404	7598	11404	11404	7598	7598

注：*、**、*** 分别表示系数的估计值在 10%、5%、1% 的水平上显著，括号内为对应的标准误。

5.3.4 "一带一路"倡议对不同资本密度企业全要素生产率的影响

资本要素投入同样是影响企业全要素生产率的重要因素，本部分的分析和前面一致，同样先定义资本密集型企业和非资本密集型企业，即以行业单位资本产出（行业利润总额/行业资本总额）为依据，计算行业的平均单位资本产出，并以中位数为分位点，然后计算企业单位资本产出（企业年度利润总额/企业年度总资产），如果企业单位资本产出大于或者等于行业单位资本产出的中位数，则定义该类企业为资本密集型企业，如果企业单位资本产出小于行业单位资本产出的中位数，则定义该类企业为非资本密集型企业。接下来以此为依据将样本分为非资本密集型企业和资本密集型企业两组，分别对式（5.1）进行回归。详细结果如表5-8所示。

表5-8中模型（1）和模型（2）分别显示了非资本密集型企业样本下和资本密集型企业样本下"一带一路"倡议对企业全要素生产率的影响。可以清晰地看到，不管是非资本密集型企业样本下还是资本密集型企业样本下，其DID交互项 *Policy × Year* 的系数均在1%的水平上高度显著，表明"一带一路"倡议对两类企业的全要素生产率均产生显著的正向效应，即提高了企业的全要素生产率水平。但对比两者的系数值发现，资本密集型企业样本下DID交互项的系数值为0.6820，明显高于非资本密集型企业样本下DID交互项的系数值0.5860，意味着"一带一路"倡议对资本密集型企业全要素生产率的影响要大于对非资本密集型企业全要素生产率的影响。

表 5-8 不同资本密度下"一带一路"倡议对企业全要素生产率的影响

变量	模型（1）	模型（2）	模型（3）	模型（4）	模型（5）	模型（6）
Policy × Year	0.5860*** （3.04）	0.6820*** （4.34）				
State × Policy × Year			−0.0842 （−0.61）		0.1380 （1.22）	
NonState × Policy × Year				0.6720*** （4.85）		0.5590*** （4.74）
Year	−0.7090*** （−3.89）	−0.6300*** （−4.07）	−0.3130*** （−3.03）	−0.5740*** （−5.18）	−0.1990*** （−3.06）	−0.4810*** （−4.14）
控制变量	是	是	是	是	是	是
_cons	4.6130*** （13.05）	4.5070*** （11.47）	4.6000*** （12.91）	4.6380*** （13.09）	4.5140*** （11.50）	4.4890*** （11.47）
R^2	0.0319	0.0344	0.0278	0.0331	0.0267	0.0324
R^2_adj	0.0319	0.0344	0.0278	0.0331	0.0267	0.0324
N	7945	11057	7945	7945	11057	11057

注：*、**、*** 分别表示系数的估计值在 10%、5%、1% 的水平上显著，括号内为对应的标准误。

121

　　和上文一致，依然考虑产权差异，检验不同资本要素投入下"一带一路"倡议对企业全要素生产率的影响。具体做法和前面的一致，先分别设置两类虚拟变量：一是设置国有企业虚拟变量，如果样本企业为国有企业，则令 *State*=1，否则取值为 0；二是设置非国有企业虚拟变量，如果样本企业为非国有企业，则令 *NonState*=1，否则取值为 0。然后将两类虚拟变量分别与式（5.1）的 DID 交互项 *Policy* × *Year* 相乘，分别得到 *State* × *Policy* × *Year* 和 *NonState* × *Policy* × *Year* 两项，并在分样本下进行回归。模型（3）和模型（4）为非资本密集型企业样本下不同产权的回归结果，模型（5）和模型（6）为资本密集型企业样本下不同产权的回归结果。可以清晰地看到，不管是非资本密集型企业样本下还是资本密集型企业样本下，国有企业 DID 交互项 *State* × *Policy* × *Year* 的系数均未通过显著性检验，而非国有企业 DID 交互项 *NonState* × *Policy* × *Year* 的系数均在 1% 的水平上高度显著，且系数值均为正，表明"一带一路"倡议对非资本密集型非国有企业和资本密集型非国有企业的全要素生产率均产生显著的正向效应，显著提高了该类企业的全要素生产率水平，这和前面的结论一致。

5.4　稳健性检验

　　尽管相比 Olley-Pakes 法而言，Levinsohn-Petrin 法在测算全要素生产率上具有一定的合理性，不仅放松了代理变量与总产出始终保持单调关系的前定假设，以中间投入指标作为代理变量，而且数据获取更容易，但目前学术界仍然未将 Levinsohn-Petrin 法作为测算全要素生产率的核心或者权威方法，因此有必要通过其他方法测算企业的全要素生产率，进而验证本章的结果是否稳健。鉴于此，本节采用参数法中的固定效应估计法测算全要素生产率，并对本章的实证结果进行检验，具体的检验方法和前文一致，即先通过固定效应估计法计算企业的全要素生产率，然后通过倾向得分匹配法为实验组样本匹配可供对比的控制组样本，最后基于式（5.1）和式（5.2）分别做实证检验。

表 5–9 中模型（1）和模型（2）显示了"一带一路"倡议对企业全要素生产率的平均处理效应，其中模型（1）是未加入控制变量的回归结果，模型（2）是加入控制变量后的回归结果。结果显示，不管是加入控制变量还是未加入控制变量，DID 交互项 $Policy \times Year$ 的系数均在 1% 的水平上高度显著，且系数值基本一致，表明"一带一路"倡议显著提高了企业的全要素生产率，与前文结论一致。模型（3）和模型（4）是基于式（5.2）的回归结果，用于检验"一带一路"倡议对企业全要素生产率是否存在动态边际处理效应。模型（3）是未加入控制变量的回归结果，其 DID 交互项 $Policy \times Year2014$、$Policy \times Year2015$ 和 $Policy \times Year2016$ 的系数均在 1% 的水平上高度显著，且系数值为正，模型（4）是加入控制变量后的回归结果，其 DID 交互项的系数也均在 1% 的水平上高度显著，且系数值也为正，表明"一带一路"倡议对企业全要素生产率存在动态边际处理效应。同时对比系数值发现 [具体分析以模型（4）为准]，DID 交互项的系数由 2014 年的 0.1910 上升到 2015 年的 0.2680，再上升到 2016 年的 0.4780，呈现由低到高的趋势，表明"一带一路"倡议对企业全要素生产率的影响随时间的推移而逐步扩大，这与和前文的结论一致。

表 5-9 "一带一路"倡议对企业全要素生产率的平均处理效应和动态边际处理效应

变量	模型（1）	模型（2）	模型（3）	模型（4）
$Policy \times Year$	0.3170*** （4.76）	0.3120*** （4.72）		
$Year$	−0.0096 （−0.15）	−0.0034 （−0.05）		
$Policy \times Year2014$			0.1830*** （3.23）	0.1910*** （3.38）
$Policy \times Year2015$			0.2710*** （3.56）	0.2680*** （3.55）
$Policy \times Year2016$			0.4970*** （5.54）	0.4780*** （5.34）
$Year2014$			0.0180 （0.33）	0.0118 （0.22）
$Year2015$			0.0364 （0.50）	0.0420 （0.58）
$Year2016$			−0.0832 （−0.97）	−0.0627 （−0.73）
控制变量	否	是	否	是
_cons	11.6600*** （877.69）	11.6600*** （130.85）	11.6600*** （877.05）	11.6400*** （129.67）
R^2	0.0140	0.0156	0.0169	0.0184
R^2_adj	0.0140	0.0156	0.0169	0.0184
N	19214	19002	19214	19002

注：*、**、*** 分别表示系数的估计值在10%、5%、1%的水平上显著，括号内为对应的标准误；以上全要素生产率的测算采用固定效应估计法。

表5-10显示了"一带一路"倡议对不同产权企业全要素生产率的影响。模型（1）和模型（2）是对国有企业的检验，其中模型（1）是未加入控制变量的回归结果，模型（2）是加入控制变量后的回归结果，其DID交互项 $State \times Policy \times Year$ 的系数均未通过显著性检验，意味着"一带一路"倡议对国有企业的全要素生产率未产生显著影响。模型（3）和模型（4）是检验"一带一路"倡议对非国有企业全要素生产率的影响，其中模型（3）是未加入控制变量的回归结果，模型（4）是加入控制变量后的回归结果。结果显示，不管是加入控制变量还是未加入控制变量，两者DID交互项 $NonState \times Policy \times Year$ 的系数均在1%的水平上高度显著，且系数符号为正，系数值相差不大，表明"一带一路"倡议对非国有企业的全要素生产率产生了显著的正向效应，即显著提高了非国有企业的全要素生产率，这同样和前文的结论保持一致。

表5-10 "一带一路"倡议对不同产权企业全要素生产率的影响

变量	模型（1）	模型（2）	模型（3）	模型（4）
$State \times Policy \times Year$	−0.0446 （−1.04）	−0.0383 （−0.90）		
$NonState \times Policy \times Year$			0.3210*** （6.61）	0.3120*** （6.47）
$Year$	0.2030*** （6.54）	0.2050*** （6.68）	0.0485 （1.12）	0.0553 （1.29）
控制变量	否	是	否	是
$\_cons$	11.6600*** （863.13）	11.6600*** （130.58）	11.6600*** （886.43）	11.6600*** （130.81）

续表

变量	模型（1）	模型（2）	模型（3）	模型（4）
R^2	0.0088	0.0104	0.0146	0.0160
R^2_adj	0.0088	0.0104	0.0146	0.0160
N	19214	19002	19214	19002

注：*、**、***分别表示系数的估计值在10%、5%、1%的水平上显著，括号内为对应的标准误。

由于以上检验结果与前文的实证结果基本一致，因此表明本章结论具有一定的稳健性。

5.5　本章小结

全要素生产率是衡量企业生产效率、管理能力、研发能力、技术能力和自主创新能力的重要指标，较高的全要素生产率意味着企业具有更高的盈利能力。"一带一路"倡议作为国家的一项顶层设计，对企业生产经营的方方面面均产生了深刻的影响。本章以A股上市公司为样本，采用倾向得分匹配法为受"一带一路"倡议影响的企业匹配可供对比的控制组样本，在此基础上采用双重差分模型实证检验"一带一路"倡议是否对企业的全要素生产率产生显著影响，然后从企业产权差异、劳动和资本投入差异等更深层次的角度实证检验"一带一路"倡议对企业全要素生产率的影响，得出了以下结论：第一，从平均处理效应来看，"一带一路"倡议对企业的全要素生产率产生了正向效应，显著提高了企业的全要素生产率水平；第二，从动态边际处理效应来看，"一带一路"倡议对企业全要素生产率的影响是一个动态调整的过程，即"一带一路"倡议对企业全要素生产率的影响程度随着时间的推移而加深；第三，"一带一路"倡议对不同产权企业全要素生产率的影响存在差异，具体来说，"一带一路"倡议对国有企业全要素生产率的影响不显著，而对非国有企业的全要素生产率产生了显著的正向效应；第四，"一带一路"倡议对不同雇员密度企业全要素生产率的影响存在差异，具体而言，"一带一路"倡议对非劳动密集型企业和劳动密集型企业均产生了显著的正向效应，即均提高了两类企业的全要素生产率，但对比两者DID交互项系数值的大小发现，"一带一路"倡议对劳动密集型企业全要素生产率的影响要明显大于对非劳动密集型企业全要素生产率的影响，进一步检验发现，在非劳动密集型企业样本下和劳动密集型企业样本下，"一带一路"倡议对国有企业全要素生产率的影响不显著，但对非国有企业全要素生产率的影响显著；第五，"一带一路"倡议对不同资本密度企业全要素生产率的影响存在差异，具体来讲，"一带一路"倡议对资本密集型企业和非资本密集型企业的全要素生产率均产生显著的正向效应，即提高了两类企业的全要素生产率水平，但对比两者DID交互项系数值的大小发现，"一带一路"倡议对资本密集型企业全要素生产率的影响要大于对非资本密集型企业全要素生产率的影响，进一步检验发现，不论在非资本密集型企业样本下还是在资本密集型企业样本下，"一带一路"倡议对国有企业全要素生产率的影响均不显著，但对非国有企业的全要素生产率均产生了显著的正向效应。

本章的结论支持了"一带一路"倡议提升了企业全要素生产率的

观点，因此进一步完善和实施"一带一路"各项政策对企业生产经营有着重要意义，可以推动企业更好地"走出去"。基于以上结论，本章提出以下建议：第一，继续有步骤地推进"一带一路"建设，完善相关政策，为企业更好地"走出去"参与国际竞争创造条件。同时，坚持政策的可持续性，使企业形成稳定的政策预期。第二，企业全要素生产率的提高离不开外部环境的改善，而"一带一路"倡议为企业外部环境的改善提供了良好的条件。对于企业而言，应积极参与"一带一路"倡议，借助政策红利不断提升自身的管理水平、创新能力等，以提高自身的全要素生产率水平。第三，"一带一路"倡议对国有企业全要素生产率的影响不显著，意味着国有企业在参与"一带一路"倡议中享有的政策红利较少，因此国有企业有必要重视"一带一路"倡议，借助"一带一路"倡议的政策红利实施"走出去"战略，积极参与国际市场竞争，努力提高自身的全要素生产率水平。对国有企业而言，加强企业内部治理、完善市场化建设、积极参与同行业竞争以及以市场为导向是提升全要素生产率的有效途径。第四，非国有企业在参与"一带一路"倡议中属于受益方，"一带一路"倡议推动了非国有企业全要素生产率水平的提高，因此非国有企业应进一步参与"一带一路"倡议，积极"走出去"，通过参与国际市场竞争提升自身的全要素生产率水平。

6

"一带一路"倡议对企业业绩的影响

近年来，中国企业凭借"走出去"战略逐步融入国际分工体系，并在对外直接投资和国际贸易中扮演着重要角色，但中国企业能否通过"走出去"提升企业业绩存在很大的不确定性。李泳（2009）认为，约30%的中国企业在对外直接投资中处于亏损状态，对外直接投资没有提高母公司的业绩水平；约70%的中国企业在对外直接投资中盈利或者持平，对外直接投资给母公司带来了品牌效应，为母公司获得了更多的资源和更广的市场，提升了母公司的竞争力。李敬、冉光和和万丽娟（2008）则认为尽管在"走出去"战略的推动下中国企业的规模越来越大，但约65%的企业在对外直接投资中处于亏损状态，母公司的业绩并未因为对外直接投资而获得显著提升，有的企业反而因为对外直接投资而使母公司陷入困境。由此可见，关于中国企业"走出去"的效果，目前学术界看法不一。

"一带一路"倡议以丝绸之路为依托，旨在构建中国与沿线各国合作的桥梁，共同推动区域经济发展，实现互利共赢。"一带一路"倡议提出后，我国和沿线各国陆续签订了双边和多边合作协议，越来越多的中国企业借助"一带一路"倡议积极"走出去"，在沿线国家和地区开展直接投资和贸易，参与"一带一路"建设。在此背景下，我们不禁要问："一带一路"倡议是否推动了企业更好地"走出去"？中国企业能否借助"一带一路"倡议提升业绩水平？如果提升了企业业绩，那么"一带一路"倡议推动企业业绩提升的机制是什么？以上这些将是本章重点回答的问题。前文的实证研究表明，"一带一路"倡议降低了企业的对外直接投资风险，并显著提高了企业的全要素生产率，由于对外直接投资风险和全要素生产率是影响企业业绩的重要因素，因此我们推测"一带一路"倡议对企业业绩水平的提高有积极作用，本章接下来就对这一推论进行实证检验。另外，通过对上述问题的系统回答，我们可以更深刻地认识"一带一路"倡议及其对企业经营的影响，更好地引导企业积极参加"一带一路"建设，以及更全面、更科学地评估"一带一路"建设的成果，为今后继续推动"一带一路"建设提供经验。

鉴于此，本章基于上市公司财务数据，采用倾向得分匹配－双重差分法（PSM-DID）实证检验"一带一路"倡议对企业业绩水平的影响，并充分考虑样本的异质性，分别从不同产权和不同行业的角度做进一步考察。归纳起来，本章主要的贡献是：第一，在研究内容上，首次研究"一带一路"倡议对企业业绩水平的影响。以往有关"一带一路"倡议的研究主要针对宏观领域，很少触及以企业为代表的微观领域，这与"一带一路"倡议提出的时间较短有很大关系。因此，本章为进一步研究"一带一路"倡议相关问题提供了新的思路。第二，在研究方法上，本章采用倾向得分匹配法为实验组样本匹配可供对比的控制组样本，在此基础上采用双重差分模型进行分析，克服了样本异质性问题导致的统计偏误，使结果更加稳定。第三，在研究结论上，本章从平均处理效应和动态边际处理效应两个方面检验了"一带一路"倡议对企业业绩水平的促进作用，并分别从产权分类和行业分类两个角度做扩展分析，从而支持了基本结论。此外，本章还以海外业务收入为中介变量，实证分析了"一带一路"倡议影响企业业绩水平的中间机制，从而为本章结论提供了更深层次的支撑。

6.1 研究设计、数据来源和变量说明

6.1.1 研究设计

（1）准自然实验划分依据。"一带一路"倡议涉及面广，影响程度深，其主要影响制造、航空运输、铁路运输、航海、农产品和油气资源进出口等多个行业（陈虹和杨成玉，2015），加上中央和地方政府在税收、外汇等方面的大力支持，其深刻影响着地方经济和企业的经营业绩。由于企业是"一带一路"倡议的直接参与者，因此"一带一路"倡议的实施对企业的经营绩效具有很大的影响。一方面，我国政府为企业参与"一带一路"倡议提供了一定的政策支持，鼓励企业参与"一带一路"建设，积极实施"走出去"战略；另一方面，东道国为了吸引中国企业在该国投资同样给予了各种优惠条件。与未参与"一带一路"倡议的企业相比，参与"一带一路"倡议的企业的经营业绩更有可能得到提升。

检验"一带一路"倡议对企业业绩的影响是本章的研究重点，为此需要有受"一带一路"倡议影响的样本和不受影响的样本。2015年3月，由国务院授权，国家发展改革委、外交部和商务部联合发

布《推动共建丝绸之路经济带和21世纪海上丝绸之路的愿景与行动》（以下简称《愿景与行动》），提出"一带一路"倡议在部分省市实施，这为检验政策效果提供了一个良好的准自然实验。参考上一章的做法，本章将《愿景与行动》中圈定的陕西、甘肃、浙江等18个重点建设省份，成都、武汉、西宁、郑州、长沙、南昌、合肥7个高地以及上海、广州、天津等15个港口作为划分依据，以检验"一带一路"倡议对企业业绩的影响。

（2）DID政策实验设计。尽管"一带一路"倡议是在全国范围内实施，但受区位因素等影响，只有部分省市最终参与并落实"一带一路"倡议。为了考察"一带一路"倡议对企业业绩的影响，本章依据双重差分法将样本分为受政策影响的实验组（Treatment Group）和不受政策影响的控制组（Control Group）两部分，然后比较实验组和控制组在"一带一路"倡议实施前后企业业绩的变化，进而检验政策效应是源自政策本身还是其他不确定因素。在模型设定中，本章以公司利润率 Income 作为因变量，采用DID模型识别"一带一路"倡议对企业业绩的净影响；设定虚拟变量 Policy，如果公司所在地为《愿景与行动》中所列的重点省市（见表5-1），则 Policy=1，否则 Policy=0；同时设置时间虚拟变量 Year，"一带一路"倡议实施年份（2014年）及以后年份取值为1，其他年份取值为0。具体的计量检验模型如下：

$$Income_{it} = \beta_0 + \beta_1 Policy_{it} \times Year_{it} + \beta_j \sum_{j=1}^{n} Control + \lambda_t + \mu_i + \varepsilon_{it} \quad (6.1)$$

其中：i 代表企业；t 代表年份；β_0 为常数项；β_1 为DID交互项的估计系数，其为本章关心的系数，如果"一带一路"倡议提高了企业的业绩，则该系数应该显著为正；$\sum_{j=1}^{n} Control$ 为样本公司特征的控制变量；λ_t 为年度固定效应；μ_i 为企业个体固定效应；ε_{it} 为随机误差项，代表因"一带一路"政策和时间而变且影响企业业绩的非观测扰动因素。经过 DID 方法的处理，影响因变量的一般性因素被剔除，可以更准确地评估"一带一路"倡议对企业业绩的影响。需要注意的是，式（6.1）中，扰动项已经包括 λ_t 和 μ_i，因此不再控制 $Policy$ 和 $Year$ 两项，改为控制企业固定效应和时间效应（余泳泽和张少辉，2017）。

"一带一路"倡议从提出到实施是一个循序渐进的过程，各地政府对"一带一路"建设的支持政策也是由少到多的过程，"一带一路"倡议对企业业绩的影响也必然是动态调整的过程，因此有必要检验"一带一路"倡议对企业业绩的动态边际处理效应。具体方法是引入时间虚拟变量，构建 DID 交互项，这样式（6.1）可以调整为：

$$Income_{it} = \beta_0 + \beta_1 Policy_{it} \times Year2014_{it} + \beta_2 Policy_{it} \times Year2015_{it} +$$
$$\beta_3 Policy_{it} \times Year2016_{it} + \beta_j \sum_{j=1}^{n} Control + \lambda_t + \mu_i + \varepsilon_{it}$$

（6.2）

其中，$Year2014$、$Year2015$ 和 $Year2016$ 分别为 2014 年、2015 年和 2016 年的时间虚拟变量，其他变量和符号的含义均和式（6.1）一致。本章在考察"一带一路"倡议对企业业绩的动态边际处理效应时，关心的是 $Policy \times Year2014$、$Policy \times Year2015$ 和 $Policy \times Year2016$ 的系数 β_1、β_2 和 β_3。

（3）倾向得分匹配模型的设定。我国各地区经济发展水平存在很大的差异,既有北京、上海等经济发达地区,也有广西、新疆、西藏等经济欠发达地区,并且参与回归的企业样本个体在性质、规模、盈利能力等方面也存在很大的差异,如果忽略这些个体差异,可能会导致样本选择偏误等问题。因此,本章采用倾向得分匹配法对样本选择偏误进行修正。事实上,对同一家企业的业绩可以在受"一带一路"倡议影响和不受影响两种状态下进行比较,从而很便捷地衡量"一带一路"倡议对企业业绩的影响,但这两种状态在同一时间具有互斥性,不可观测,而倾向得分匹配法的解决思路正是在控制组中依据个体特征变量尽可能找到与实验组相仿的样本,最大限度地还原实验组样本不受政策影响时的企业业绩情况,然后通过对比检验"一带一路"倡议对企业业绩的影响。当然,倾向得分匹配法也存在很大的局限性:如果样本匹配的变量较多,意味着要在高维空间中进行匹配,可能会因为数据较少导致匹配结果不理想;如果样本匹配的变量太少,则可能产生不合适的对照组(何靖,2016)。因此,合理选择样本匹配的变量对最终的匹配结果有重要影响。

在具体操作中,本章根据企业个体特征选取了企业资产规模(*LnAsset*)、营业收入(*LnIncome*)、固定资产规模(*LnFixedassets*)、流动资产规模(*LnCurrentassets*)、企业所有者权益(*LnEquity*)、员工工资(*LnSalary*)六个可观测变量对实验组和控制组进行匹配,具体的匹配方法是基于倾向得分的核匹配,即使用 Logit 模型估计倾向得分,并仅对共同取值范围内的个体进行匹配。从匹配的结果来看,实验组和控制组的标准化偏差均在 5% 以内,除了企业资产规模和固定资产规模外,匹配的变量的 t 值均不能拒绝实验组和控制组无系统差异的原假设，表明匹配结果很好地平衡了数据，符合可比性的要求。详细的匹配结果如表 6-1 所示。

表 6-1 匹配前后可观测变量的平衡性检验结果

变量	类型	均值		标准化偏差 /%	标准化偏差变化 /%	t 值	p>ltl
		实验组	控制组				
LnAsset	匹配前 匹配后	12.33 12.33	12.51 12.30	−12.00 2.60	78.40	−8.110 2.190	0.000 0.029
LnIncome	匹配前 匹配后	11.73 11.73	11.93 11.71	−13.10 1.00	92.10	−8.880 0.880	0.000 0.377
LnFixedassets	匹配前 匹配后	10.35 10.35	10.63 10.41	−15.00 −3.40	77.50	−10.110 −2.830	0.000 0.005
LnCurrentassets	匹配前 匹配后	11.72 11.72	11.90 11.69	−12.80 1.70	86.60	−8.650 1.460	0.000 0.144
LnEquity	匹配前 匹配后	11.68 11.68	11.85 11.66	−12.40 1.40	88.50	−8.330 1.190	0.000 0.233
LnSalary	匹配前 匹配后	7.24 7.24	7.41 7.21	−9.90 1.40	85.60	−6.590 1.170	0.000 0.242

注：采用宽带为 0.06 的核匹配法。

6.1.2 数据来源和变量说明

上市公司财务数据同样来自 Wind 数据库，时间跨度为 2011—2016 年，同样剔除金融类上市公司样本，行业分类依据为中国证监会颁布的行业分类标准。"一带一路"倡议涉及的省市以《愿景与行动》中所列的省市为准。

企业业绩采用公司资产收益率（ROA）衡量。在具体操作中，考虑到行业差异对企业资产收益率的影响，本章在计算资产收益率时剔除当年行业平均资产收益率，以消除行业差异对企业业绩的影响，方便对不同行业的企业进行分析。

本章主要借鉴杨继生和阳建辉（2015）等的研究选取以下变量：市场垄断程度（MP），以企业营业总收入占行业营业总收入之比衡量；财务杠杆（LEV），以流动资产负债占总资产的比值衡量；职工薪酬（ES），以应付职工薪酬占总资产的比值衡量；资本密集度（KL），以固定资产与员工总数之比衡量；企业总税率（TAX），以企业纳税总额与利润之比衡量。各个变量的统计性描述如表6-2所示。

表6-2 变量的统计性描述

变量	最大值	最小值	均值	50分位点	标准差
INCOME	22.120	−1.613	−0.020	−0.094	0.536
MP	0.624	0.000	0.005	0.001	0.027
LEV	46.160	−0.195	0.442	0.424	0.469
ES	1.186	−0.001	0.012	0.007	0.019
KL	18326.000	0.006	56.060	22.310	308.100
TAX	37.270	−134.800	0.154	0.155	1.538

6.2　实证结果与分析

6.2.1　基本实证检验

（1）平均处理效应检验。本章利用 2011—2016 年 A 股上市公司数据，基于式（6.1）采用固定效应法估计面板双重差分模型，回归结果如表 6-3 所示。结果显示，在未进行 PSM 处理的情况下，模型（1）DID 交互项 $Policy \times Year$ 的系数未通过显著性检验，加入控制变量后，模型（2）同样未通过显著性检验。其原因是模型（1）和模型（2）均未考虑 DID 研究设计中的样本匹配问题，而 DID 检验假设实验组和控制组在政策实施前后具有可比性。因此，需要对两组样本进行倾向得分匹配，以降低实验组和控制组的异质性对 DID 检验的影响（韩超和胡浩然，2015）。接下来根据倾向得分匹配样本，运用双重差分法检验"一带一路"倡议对企业业绩的影响，模型（3）和模型（4）分别给出了未加入控制变量和加入控制变量后的回归结果。模型（3）显示，在未加入控制变量的情况下，DID 交互项的系数通过了 10% 的显著性检验，且系数为正。模型（4）显示，加入控制变量后，其 DID 交互项的系数在 1% 的水平上显著为正。结果表明，如果不考虑动态边际处理效应，"一带一路"倡议的实施能显著提高企业的业绩，和本章的预期结果一致。可能的原因有以下几个方面：一是"一带一路"倡议是一项国家顶层设计，为鼓励更多的企业参与"一带一路"倡议，从中央到地方政府给予了企业较大的政策倾斜。比如，国家发展改革委和商务部将对外投资审批制度由先前的核准制改为备案制；印发《中国制造2025规划纲要》，推动中国制造业走向世界；组建由我国政府主导的亚洲基础设施投资银行，提高"一带一路"沿线国家和地区的基础设施水平，改善投资环境，等等。企业正是政策的获利方，企业的资本回报率由此得到提高（胡伟和孙浩凯，2016）。二是在"一带一路"倡议的推动下，企业积极"走出去"，不仅缓解了产能过剩问题，而且通过参与国际市场竞争不断提高了自身的技术水平，从而对企业的业绩产生积极效应。三是企业在对外直接投资中会面临东道国政治事件、社会治安、腐败等问题导致的政治风险，东道国汇率、行业壁垒等因素导致的经济风险，以及文化差异风险等，而我国政府通过与"一带一路"沿线国家签订不同层次的双边投资协定等，降低了企业的投资风险，这对提升企业业绩有着积极意义。

模型（4）还显示了控制变量的回归结果。结果显示，市场垄断程度（MP）对企业的业绩产生了显著的正向影响，表明企业的市场垄断程度越高，企业的业绩提升越大；财务杠杆（LEV）对企业的业绩也产生了显著的正向影响，财务杠杆高意味着投资水平高，在经济环境改善和国家大政方针支持的情况下，对企业业绩的提升有显著影响；职工薪酬（ES）对企业业绩也产生了积极效应，可能的原因是企业工资水平越高，越能调动企业员工的工作积极性，进而提高企业的业绩，也有可能是因为企业本身业绩优异，员工工资水平得到提高，存在伪回归的问题，但这不是本章的重点，故不深入探讨；企业总税率（TAX）对企业的业绩并未产生显著影响，合理的解释是企业的税率由国家统一规定，企业之间的税率差异较小。

表 6-3 "一带一路"倡议对企业业绩的平均处理效应

变量	未进行 PSM 处理		进行 PSM 处理后	
	模型（1）	模型（2）	模型（3）	模型（4）
Policy × Year	0.0087	0.0119	0.0082*	0.0128***
	（1.13）	（1.52）	（1.93）	（2.86）
MP		3.8390***		2.5980***
		（3.20）		（2.96）
LEV		0.1080**		0.1870***
		（2.48）		（3.86）
ES		6.3590***		5.9060***
		（6.71）		（7.77）
KL		−0.0000204**		−0.0000150***
		（−2.14）		（−2.70）
TAX		−0.0002		−0.0003
		（−0.26）		（−0.47）
_cons	−0.0237***	−0.1660***	−0.0283***	−0.1930***
	（−9.40）	（−7.96）	（−20.18）	（−8.53）
R^2	0.0002	0.0336	0.0002	0.0308
R^2_adj	0.0002	0.0336	0.0002	0.0308
N	19789	19089	19462	18996

注：*、**、*** 分别表示系数的估计值在 10%、5%、1% 的水平上显著，括号内为对应的标准误。

（2）动态边际处理效应检验。"一带一路"倡议经历了从最初的构想到中央和地方逐步实施的过程，其对经济和企业的影响也存在由小到大的过程，因此有必要检验"一带一路"倡议对企业业绩是否存在动态边际处理效应。

表6-4显示了式（6.2）的回归结果，作为对比，本研究在未进行 PSM 处理和进行 PSM 处理两种情况下分别做了动态边际处理效应检验。其中，模型（1）和模型（2）分别是未加入控制变量和加入控制变量后的回归结果。结果显示，在未进行 PSM 处理的情况下，模型（1）DID 交互项 $Policy \times Year2014$、$Policy \times Year2015$ 和 $Policy \times Year2016$ 的估计系数均未通过显著性检验，尽管模型（2）中 $Policy \times Year2015$ 的系数通过了 10% 的显著性检验，但其余均未通过显著性检验，因此在该模型设定下，不能得出"一带一路"倡议对企业业绩存在动态边际处理效应的结论，这与未进行 PSM 处理有关。模型（3）和模型（4）是经过 PSM 处理后的回归结果。其中，模型（3）是未加入控制变量的回归结果，结果显示，除了 $Policy \times Year2014$ 的系数不显著外，$Policy \times Year2015$ 和 $Policy \times Year2016$ 的系数分别通过了 5% 和 10% 的显著性检验，且系数符号为正。模型（4）是加入控制变量后的回归结果，同样除了 $Policy \times Year2014$ 的系数不显著外，$Policy \times Year2015$ 和 $Policy \times Year2016$ 的系数均在 1% 的水平上高度显著，且系数符号为正。这一结果表明，无论是否加入控制变量，"一带一路"倡议对企业的业绩均存在动态边际处理效应。应该注意到，模型（3）和模型（4）中 $Policy \times Year2014$ 的系数虽然为正，但并未通过显著性检验，一个合理的解释是尽管"一带一路"倡议从 2014 年起开始实施，但由于 2014 年"一带一路"倡议大部分还停留在顶层设计上，且政

策的落实也需要一定的时间，因此企业的业绩受影响较少，表现出滞后性。

表 6-4 "一带一路"倡议对企业业绩的动态边际处理效应

变量	未进行 PSM 处理		进行 PSM 处理后	
	模型（1）	模型（2）	模型（3）	模型（4）
$Policy \times Year2014$	0.0032 （0.49）	0.0039 （0.59）	0.0039 （1.04）	0.0037 （1.04）
$Policy \times Year2015$	0.0142 （1.58）	0.0168* （1.86）	0.0119** （2.32）	0.0168*** （3.15）
$Policy \times Year2016$	0.0085 （0.88）	0.0151 （1.52）	0.0090* （1.79）	0.0180*** （3.26）
控制变量	否	是	否	是
_cons	−0.0237*** （−9.40）	−0.1660*** （−7.95）	−0.0283*** （−20.18）	−0.1950*** （−8.53）
R^2	0.0003	0.0338	0.0003	0.0310
R^2_adj	0.0003	0.0338	0.0003	0.0310
N	19789	19089	19462	18996

注：*、**、*** 分别表示系数的估计值在 10%、5%、1% 的水平上显著，括号内为对应的标准误。

6.2.2 扩展实证检验

（1）不同产权下"一带一路"倡议对企业业绩的影响。本章接下来检验"一带一路"倡议对不同产权企业业绩的影响。在模型设置中，加入国有企业虚拟变量（State）和非国有企业虚拟变量

（*NonState*），如果样本为国有企业，则 *State* 取值为 1，否则为 0，同样如果样本为非国有企业，则 *NonState* 取值为 1，否则为 0。然后在式（6.1）的基础上分别与 DID 交互项 *Policy* × *Year* 相乘，得到 *State* × *Policy* × *Year* 和 *NonState* × *Policy* × *Year* 两项，以此检验产权差异下"一带一路"倡议对企业业绩的影响，其系数即为本节关心的对象，如果系数显著为正，则表明有显著的正向效应。

表 6-5 给出了具体的回归结果。其中，模型（1）和模型（2）是检验"一带一路"倡议对国有企业业绩的影响，其分别为未加入控制变量和加入控制变量后的回归结果。结果显示，不管是未加入控制变量还是加入了控制变量，其 DID 交互项 *State* × *Policy* × *Year* 的系数均未通过显著性检验，表明"一带一路"倡议对国有企业的业绩并没有产生显著的影响。模型（3）和模型（4）是检验"一带一路"倡议对非国有企业业绩的影响，同样，模型（3）是未加入控制变量的回归结果，其 DID 交互项 *NonState* × *Policy* × *Year* 的系数通过了 5% 的显著性检验，系数符号为正，模型（4）是加入控制变量后的回归结果，其 DID 交互项的系数在 1% 的水平上显著为正。结果表明，"一带一路"倡议对非国有企业的业绩产生了正向效应，显著提高了其业绩水平。这种差异的产生有着多方面的原因：其一，相对于非国有企业而言，国有企业具有更为突出的身份和资源优势，在本国可以通过这些优势获取生产上的便利，但在"走出去"时这些优势可能不复存在，导致企业业绩并未显著提高。其二，国有企业一般代表国家身份，具有一定的政治属性。尽管我国与"一带一路"沿线国家签订了不同层次的双边投资协定，但投资贸易壁垒依然存在，东道国对涉及本国经济命脉的产业的保护力度很大，特别是对外来国有企业的投资等行为

的限制程度更高。非国有企业多处于不涉及国家经济命脉的行业，在"一带一路"倡议的推动下更容易"走出去"，业绩水平由此得到显著提升。其三，国有企业主要分布在石油、铁路、采矿等产业，不易形成出口或者在沿线国家投资，因此受"一带一路"倡议的影响较弱。非国有企业涉及的产业范围广，加之在管理水平、创新能力等方面比国有企业更具优势，因此在"一带一路"倡议的推动下更容易"走出去"，从而对业绩的提升产生积极效应。

表6-5　不同产权下"一带一路"倡议对企业业绩的影响

变量	国有企业		非国有企业	
	模型（1）	模型（2）	模型（3）	模型（4）
$State \times Policy \times Year$	0.0033 （0.34）	0.0085 （0.84）		
$NonState \times Policy \times Year$			0.0102** （2.27）	0.0145*** （3.24）
控制变量	否	是	否	是
$\_cons$	−0.0259*** （−29.09）	−0.1890*** （−8.51）	−0.0281*** （−26.13）	−0.1920*** （−8.66）
R^2	0.00000903	0.0303	0.0002	0.0307
R^2_adj	0.00000903	0.0303	0.0002	0.0307
N	19462	18996	19462	18996

注：*、**、***分别表示系数的估计值在10%、5%、1%的水平上显著，括号内为对应的标准误。

（2）不同行业下"一带一路"倡议对企业业绩的影响。就目前的世界经济交流形式而言，国际贸易依然占据主流地位。"一带一路"倡议的实施为中国制造业企业的产品走向世界，特别是走向"一带一路"沿线国家创造了条件,因此有必要检验行业差异下"一带一路"倡议对企业业绩的影响。在实证检验中,本节引入制造业虚拟变量(*Manu*),如果样本企业的行业类型为制造业,则取值为1,否则为0;同样引入非制造业虚拟变量(*NonManu*),如果样本企业的行业类型为非制造业,则取值为1,否则为0。然后在式(6.1)的基础上分别与 DID 交互项 *Policy* × *Year* 相乘,得到 *Manu* × *Policy* × *Year* 和 *NonManu* × *Policy* × *Year* 两项,以检验不同行业下"一带一路"倡议对企业业绩的影响。

表6-6给出了具体的回归结果。其中,模型(1)和模型(2)是检验"一带一路"倡议对制造业企业业绩的影响,模型(1)为未加入控制变量的回归结果,模型(2)为加入控制变量后的回归结果。结果显示,不管是加入控制变量还是未加入控制变量,其 DID 交互项 *Manu* × *Policy* × *Year* 的系数均通过了10%的显著性检验,且系数符号为正,意味着"一带一路"倡议对制造业企业的业绩产生了显著的正向效应,即提高了制造业企业的业绩水平,符合预期。模型(3)和模型(4)是检验"一带一路"倡议对非制造业企业业绩的影响,同样模型(3)是未加入控制变量的回归结果,模型(4)是加入控制变量后的回归结果。结果显示,不管是加入控制变量还是未加入控制变量,其 DID 交互项 *NonManu* × *Policy* × *Year* 的系数均未通过显著性检验,因此在该模型设置下不能说明"一带一路"倡议对非制造业企业的业绩产生了显著影响。导致这种差异的原因可能有以下几个方面:其一,我国是制造业大国,当前制造业面临市场饱和的情形,而通过实施"一带一路"倡议,我国与沿线国家建立了合作机制,改善了贸易关系,从而为商品"走出去"创造了条件。因此,制造业是"一带

一路"倡议的受益方，制造业企业的业绩得到显著提升。其二，非制造业企业较多地分布在第三产业，产品不具备出口优势，因此"一带一路"倡议对非制造业企业业绩的影响较弱。

表6-6 不同行业下"一带一路"倡议对企业业绩的影响

变量	制造业		非制造业	
	模型（1）	模型（2）	模型（3）	模型（4）
$Manu \times Policy \times Year$	0.0173* （1.84）	0.0172* （1.80）		
$NonManu \times Policy \times Year$			−0.0059 （−0.44）	0.0030 （0.23）
控制变量	否	是	否	是
_cons	−0.0245*** （−12.53）	−0.1650*** （−8.26）	−0.0202*** （−12.66）	−0.1610*** （−7.97）
R^2	0.0007	0.0337	0.0000319	0.0332
R^2_adj	0.0007	0.0337	0.0000319	0.0332
N	19789	19089	19789	19089

注：*、**、***分别表示系数的估计值在10%、5%、1%的水平上显著，括号内为对应的标准误。

6.3 "一带一路"倡议对企业业绩影响的中间机制检验

上文通过实证分析的方式验证了"一带一路"倡议对企业业绩的

影响,结果表明"一带一路"倡议能显著提高企业业绩。由于"一带一路"倡议的实施可以推动中国与沿线国家和地区的双边经济往来,给我国企业"走出去"创造条件,因此"一带一路"倡议的实施必然会提高企业的出口额,使企业获取更多的收益,从而提高企业的业绩水平。由此而见,"一带一路"倡议对企业业绩的影响存在一个中间机制,即"一带一路"倡议提高了企业的出口额,进而提高了企业的业绩水平。本节接下来将对此中间机制进行实证检验。

中间机制检验的核心是找到一个中介变量,其思路是如果解释变量 X 通过另一变量 M 影响被解释变量 Y,则变量 M 为解释变量 X 和被解释变量 Y 的中介变量(卢谢峰和韩立敏,2007)。研究中介作用最主要的目的是在已知被解释变量 Y 和解释变量 X 的基础上探讨 Y 和 X 的内在作用机制,从而不仅可以把原来同类现象的研究联系起来,而且通过内在机制分析使得整个理论体系和结论更加系统完整(方杰、张敏强和邱皓政,2012)。限于数据的可获得性,本节选取企业的海外业务收入(做了对数化处理)作为中介变量,分析"一带一路"倡议对企业业绩影响的中间机制。根据 Baron 和 Kenny(1986)、余泳泽和张少辉(2017)等的方法,本节分三步检验中间效应:第一步,将"一带一路"倡议作为自变量与海外业务收入(因变量)进行回归,如果回归系数显著为正,表明"一带一路"倡议对海外业务收入产生积极影响,能显著提高企业的海外业务收入水平;第二步,将海外业务收入(自变量)与企业业绩(因变量)进行回归,如果回归系数显著为正,则说明海外业务收入对企业业绩产生了显著影响;第三步,如果上述均成立,再将"一带一路"倡议、海外业务收入作为自变量同时与企业业绩做回归,如果"一带一路"倡议的系数有所下降或者变得不显著，则说明"一带一路"倡议对企业业绩的影响部分或者全部来自中介变量（海外业务收入）的传导，中间机制成立。

依据上述方法，具体步骤如下：

第一步，验证"一带一路"倡议是否影响了企业的海外业务收入（$LnOverseas$）。

$$LnOverseas = \beta_0 + \beta_1 Policy_{it} \times Year_{it} + \beta_j \sum_{j=1}^{n} Control + \lambda_t + \mu_i + \varepsilon_{it}$$

（6.3）

第二步，验证海外业务收入是否影响了企业的业绩水平。

$$Income_{it} = \beta_0 + \beta_1 LnOverseas_{it} + \beta_j \sum_{j=1}^{n} Control + \lambda_t + \mu_i + \varepsilon_{it}$$

（6.4）

第三步，将"一带一路"倡议、海外业务收入两个变量同时放入模型中检验中介效应。

$$Income_{it} = \beta_0 + \beta_1 LnOverseas_{it} + \beta_2 Policy_{it} \times Year_{it} + \beta_j \sum_{j=1}^{n} Control + \lambda_t + \mu_i + \varepsilon_{it}$$

（6.5）

表6-7显示了上述实证回归的结果。其中模型（1）是式（6.3）的回归结果，结果显示，"一带一路"倡议 DID 交互项 $Policy \times Year$ 的系数在 1% 的水平上显著为正，系数值达到了 0.3050，表明"一带一路"倡议对海外业务收入产生了正向影响，显著提高了企业的海外业务收入水平。模型（2）是式（6.4）的回归结果，可以看到，海外业务收入变量的系数为 0.0241，并且通过了 1% 的显著性检验，意味着海外业务收入对企业业绩产生了显著的正向影响。以上两个步骤均成

立,可以进行第三步检验。模型(3)是式(6.5)的回归结果,同时加入了"一带一路"倡议和海外业务收入变量;模型(4)是未加入海外业务收入变量的回归结果。对比二者的回归结果可以发现,加入海外业务收入变量后,"一带一路"倡议 DID 交互项 $Policy \times Year$ 的系数由原来的 0.0128 降低到 0.0105,且系数的显著性水平明显降低。这一结果说明"一带一路"倡议对企业业绩的影响存在中间机制,即"一带一路"倡议的实施通过提高企业海外业务收入水平对企业业绩产生积极影响。

表 6-7 "一带一路"倡议对企业业绩影响的中间机制检验

变量	模型(1)	模型(2)	模型(3)	模型(4)
$Policy \times Year$	0.3050*** (14.63)		0.0105* (1.90)	0.0128*** (2.80)
$LnOverseas$		0.0241*** (8.71)	0.0232*** (8.31)	
控制变量	是	是	是	是
_cons	9.1570*** (242.37)	−0.4420*** (−15.79)	−0.4390*** (−15.65)	−0.1930*** (−19.38)
R^2	0.0326	0.0574	0.0578	0.0308
R^2_adj	0.0326	0.0574	0.0578	0.0308
N	10958	10924	10924	18996

注:*、**、*** 分别表示系数的估计值在 10%、5%、1% 的水平上显著,括号内为对应的标准误。

6.4 本章小结

尽管已有大量的文献论述国际贸易或者"走出去"对企业业绩产生的影响，但很少有研究直接验证"一带一路"倡议对企业业绩的影响。"一带一路"倡议作为国家顶层设计，得到中央和地方政府的大力支持和推动，相应的配套政策也不断完善，而企业是"一带一路"倡议的直接参与者和受益者，因此有必要研究"一带一路"倡议是否真正对企业业绩产生了影响。为此，本章以 A 股上市公司样本为研究对象，采用倾向得分匹配法为 2011—2016 年期间参与"一带一路"倡议的企业匹配可供对比的控制组，并在此基础上采用双重差分模型检验了"一带一路"倡议对企业业绩的影响。鉴于"一带一路"倡议的实施是一个动态调整的过程，本章还进行了动态实证分析，并做了扩展检验和中间效应检验。

基于以上分析，本章得出了以下结论：第一，不考虑动态边际处理效应，仅从平均处理效应来看，"一带一路"倡议对企业业绩具有正向影响，显著提高了企业的业绩水平；第二，考虑到"一带一路"倡议的实施是一个动态调整的过程，本章加入了动态调整变量，发现"一带一路"倡议对企业业绩存在动态边际处理效应；第三，在加入产权虚拟变量后发现，"一带一路"倡议对国有企业的业绩影响不显著，而对非国有企业的业绩存在显著的正向影响，即"一带一路"倡议显著提高了非国有企业的业绩水平；第四，本章在拓展分析中加入了制造业和非制造业虚拟变量，实证结果表明，"一带一路"倡议对制造业企业的业绩提升显著，但对非制造业企业的业绩水平无显著影响；第五，本章引入了中介变量海外业务收入，通过实证发现"一带一路"倡议对企业业绩的影响存在中间机制，即"一带一路"倡议的实施通过提高企业海外业务收入水平对企业业绩产生积极影响。

本章从实证分析的角度清晰阐述了"一带一路"倡议对企业业绩的积极效应，为量化和检验"一带一路"倡议的政策效应提供了方法和证据。但是，在"一带一路"倡议的实施中依然存在诸多需要完善的地方，基于以上结论，本章提出以下几个建议：第一，实证结果表明"一带一路"倡议对企业业绩产生了正向效应，因此中央和地方政府应该继续大力支持"一带一路"建设，保持政策的可持续性，并借"一带一路"倡议不断改善同沿线国家和地区的双边合作关系，为企业更好地"走出去"提供良好的投资环境和充分的政策支持；第二，随着时间的推移，"一带一路"倡议对企业业绩的影响可能存在红利变弱的倾向，因此企业要充分利用"一带一路"倡议带来的投资便利，同时政府应给予更多的政策支持，深化实施"一带一路"倡议；第三，国有企业在参与"一带一路"倡议中享有的政策红利较小，业绩提升不显著，因此政府在推动"一带一路"倡议实施时应给予国有企业更多的市场自由，引导国有企业以市场为导向，提升自身的管理水平，降低生产成本，提高产品的对外竞争力；第四，虽然"一带一路"倡议显著提升了制造业企业的业绩，但并未显著带动非制造业企业业绩的提升，因此有必要对出口结构进行优化，出台更多的政策支持非制造业企业提升竞争力，扩大非制造业产品的出口。

7

结论与政策建议

7.1 主要结论

"一带一路"倡议是中国政府在当前国内和国际新形势下主动应对挑战，统筹国内和国外两个发展大局而做出的一项重要决策。"一带一路"倡议的实施是一个巨大的系统工程，涉及政治、经济、文化、社会、外交等各个方面，将对中国乃至世界产生深刻影响。企业作为"一带一路"倡议最直接和最主要的参与者之一，必然受"一带一路"倡议的影响。在此背景下，本书以企业为研究对象，从理论、现状和实证分析的角度探讨了"一带一路"倡议对企业经营的影响，得出了以下几个方面的结论。

（1）"一带一路"倡议的提出有着历史和现实的必然性。秦汉时期古代中国就已经开始与亚欧各国产生联系，特别是西汉时期开辟了东起长安西至地中海各国的陆上丝绸之路。随着历史的不断前进，商品贸易需求不断扩大，推动丝绸之路持续发展，并演化出海上丝绸之路。丝绸之路是连接古代亚欧大陆的交通大动脉和重要的商业贸易路线，是人类文明发展的必然结果。改革开放以来，中国经济发展取得了举世瞩目的成就，并成为仅次于美国的第二大经济体，中国经济与世界经济的联系也越来越紧密。但由于国际金融危机的持续影响以及国内产能过剩、库存过高、内需不足等问题的困扰，我国亟须寻找新的经济增长模式，而以"丝绸之路"为载体的"一带一路"倡议成为必然选择。"一带一路"倡议是对"丝绸之路"的继承和发展，致力于完善沿线国家和地区的基础设施和改善经济发展水平，受到了沿线国家和地区的欢迎，对国际经济金融秩序和世界经济格局产生了深刻影响。"一带一路"倡议既是历史的延续，也是时代的必然，更是沿线国家和地区选择的结果。

（2）"一带一路"倡议显著降低了企业的对外直接投资风险。对外直接投资风险是企业参与"一带一路"建设首要考虑的因素。本书采用A股上市公司2011—2016年财务数据，通过倾向得分匹配法为对外直接投资目的地为"一带一路"沿线国家和地区的企业匹配可供比较的控制组，克服可能存在的内生性问题和样本选择偏差问题，在此基础上构建双重差分模型评估"一带一路"倡议对企业对外直接投资风险的影响。结果表明，"一带一路"倡议显著降低了企业在沿线国家和地区的投资风险。考虑时间因素后发现，"一带一路"倡议对企业对外直接投资风险的影响是一个动态调整过程，影响程度随时间推移而变弱，即边际影响力随时间推移不断降低。进一步研究发现，"一带一路"倡议对企业对外直接投资风险的影响存在异质性，表现为对国有企业对外直接投资风险的降低程度要小于非国有企业，后者获得了更多的政策红利。同时，"一带一路"倡议对投资目的地为非邻国的企业对外直接投资风险的降低程度要高于投资目的地为邻国的企业，主要原因是在周边接壤的国家投资存在地缘政治风险，从而直接影响到企业对外直接投资风险的水平。总而言之，"一带一路"倡议实施后，中国与沿线国家和地区建立了多边互信合作关系，极大地改善了沿线的投资环境，使中国企业在沿线的直接投资风险得到显著降低。

（3）"一带一路"倡议显著提高了企业的全要素生产率水平。企业全要素生产率是综合反映企业组织效率、管理能力、科研技术水平等的重要指标。本书采用上市公司财务数据，实证检验"一带一路"倡议对企业全要素生产率的影响，结果表明"一带一路"倡议显著提高了企业的全要素生产率水平，并存在动态调整过程，即随着时间的推移其影响程度加深。本书进一步从产权差异、要素投入差异等角度做了分析，结果显示："一带一路"倡议对不同产权企业全要素生产率的影响存在差异，对非国有企业全要素生产率的影响显著，但对国有企业全要素生产率的影响不显著；"一带一路"倡议对劳动密集型企业全要素生产率的影响要明显大于对非劳动密集型企业全要素生产率的影响；"一带一路"倡议对资本密集型企业全要素生产率的影响要大于对非资本密集型企业全要素生产率的影响。

（4）"一带一路"倡议显著提高了企业的业绩水平。企业的业绩状况是企业日常经营成果的最终体现，本书的实证结果表明"一带一路"倡议对企业业绩具有正向效应，显著提高了企业的业绩水平，并且存在动态调整过程，即随着时间的推移"一带一路"倡议对企业业绩水平的影响程度加深。同样考虑异质性问题后发现："一带一路"倡议对国有企业业绩的影响不显著，但对非国有企业的业绩存在显著的正向影响，即"一带一路"倡议显著提高了非国有企业的业绩水平；"一带一路"倡议对制造业企业的业绩提升显著，但对非制造业企业的业绩水平无显著影响。

7.2　政策建议

本书从历史和现实的角度分析了"一带一路"倡议提出的必然性，并实证分析了"一带一路"倡议对企业对外直接投资风险、企业全要素生产率和企业业绩水平的影响。基于上述结论，本书提出以下政策建议。

第一，继续推进"一带一路"倡议的实施，完善相关政策。"一带一路"倡议作为国家顶层设计，事关国家发展前途。事实证明，"一带一路"倡议既符合中国当前国情，也顺应全球经济发展趋势，得到了全球的响应，越来越多的国家和地区加入了"一带一路"建设之中。"一带一路"倡议不仅在宏观意义上有利于经济的发展，而且在微观方面有利于企业经营状况的改善。本书从三个角度做了实证分析，验证了"一带一路"倡议的积极效应，因此要继续坚定不移地推进"一带一路"倡议的实施。但不容忽视的是，在"一带一路"倡议的实施中也存在许多问题，例如，国际社会中存在对"一带一路"倡议的质疑声，国内方面借"一带一路"倡议的名义大量重复建设，因此有必要进一步拓展与沿线各国经贸交流与合作的广度和深度，建立更深层次的关系，同时进一步完善相关政策，让更多的国内企业参与"一带一路"建设，推动"一带一路"建设健康发展。另外也应该注意到，"一带一路"倡议带给企业的政策红利存在逐渐减少的问题，即早期"一带一路"倡议对企业的支持力度较大，但随着时间的推移，政策红利有减少的趋势，因此政府在实施"一带一路"倡议时要保持政策的稳定性。

第二，"一带一路"建设中应给予国有企业更多的支持。国有企业在"一带一路"建设中发挥了重要作用，承接了沿线国家和地区的大部分基础设施投资项目，推动了更多的国家和地区参与"一带一路"建设，但由于投资项目周期长、资金和劳动力消耗多等原因，国有企业承担了更多的风险，享有的政策红利并不显著。本书的实证结果也证实了这一点，例如，"一带一路"倡议对国有企业对外直接投资风险的降低程度小于非国有企业，"一带一路"倡议对国有企业全要素生产率水平和业绩水平的提升程度均小于非国有企业。因此，政府在推动"一带一路"倡议实施时应给予国有企业更多的市场自由，引导国有企业以市场为导向，提升自身的管理水平，降低生产成本，提高产品的对外竞争力。

第三，政府应借"一带一路"倡议改善与沿线国家和地区的经济贸易关系，为企业更好地"走出去"创造良好的外部条件。"一带一路"倡议遵循互利共赢等原则，受到了沿线国家和地区的欢迎，政府应该借此契机同沿线国家和地区签订双边和多边协定，建立深层次的外交关系，为中国企业更好地在沿线国家和地区开展投资贸易提供便利。具体来说，首先是通过外交手段处理与邻国的领土等争端，充分利用与周边国家地理位置相邻、双边文化差异较小、交通便利等优势，发展双边投资和贸易；其次是通过建立政府间合作组织强化双边关系。

第四，"一带一路"建设中政府要重视企业的利益，为企业更好地开展对外投资贸易创造条件。尽管"一带一路"倡议作为一项长期的宏观政策更多地影响宏观经济走向，但企业作为微观主体参与"一带一路"建设将赋予其长久的生命力。企业只有借助"一带一路"倡议改善了经营环境，取得了更高的业绩，才能带动更多的企业甚至更多的国家和地区参与到"一带一路"建设中，"一带一路"倡议也才会有生命力。因此，政府在制定"一带一路"建设的相关政策时要充分考虑企业的利益，为企业更好地"走出去"提供条件。

参考文献

[1] Andris S, Sabic S. Towards a balanced synergy of visions and interests: Latvia's perspectives in 16+1 and Belt and Road Initiatives [J] . Croatian International Relations Review, 2017, 23 (78): 37–56.

[2] Angrist J D, Pischke J S. The credibility revolution in empirical economics: how better research design is taking the con out of econometrics [J] . The Journal of Economic Perspectives, 2010, 24 (2): 3–30.

[3] Ashenfelter O. Estimating the effect of training programs on earnings [J] . The Review of Economics and Statistics, 1978, 60 (1): 47–57.

[4] Baron R M, Kenny D A. The moderator-mediator variable distinction in social psychological research: conceptual, strategic, and statistical considerations [J] . Journal of Personality and Social Psychology, 1986, 51 (6): 1173.

[5] Blundell R, Bond S. Initial conditions and moment restrictions in dynamic panel data models [J] . Journal of Econometrics, 1998, 87 (1): 115–143.

[6] Boubakri N, Cosset J C, Saffar W. The role of state and foreign

owners in corporate risk-taking: evidence from privatization [J]. Journal of Financial Economics, 2013, 108 (3): 641-658.

[7] Busse M, Hefeker C. Political risk, institutions and foreign direct investment [J]. European Journal of Political Economy, 2007, 23 (2): 397-415.

[8] Caves R E.Multinational enterprise and economic analysis [M]. Cambridge: Cambridge University Press, 2007.

[9] Coelli T J, Rao D S. Total factor productivity growth in agriculture: a Malmquist index analysis of 93 countries, 1980-2000 [J]. Agricultural Economics, 2005, 32 (s1): 115-134.

[10] Guiso L, Sapienza P, Zingales L. Cultural biases in economic exchange? [J]. The Quarterly Journal of Economics, 2009, 124 (3): 1095-1131.

[11] Hali S M, Tan S, Sumera I. One Belt and One Road: impact on China-Pakistan economic corridor [J]. Strategic Studies, 2015, 34 (4): 147-164.

[12] Haskel J E, Pereira S C, Slaughter M J. Does inward foreign direct investment boost the productivity of domestic firms? [J]. The Review of Economics and Statistics, 2007, 89 (3): 482-496.

[13] Hayakawa K, Kimura F, Lee H H. How does country risk matter for foreign direct investment? [J]. The Developing Economies, 2013, 51 (1): 60-78.

[14] Heckman J J, Robb Jr R. Alternative methods for evaluating the impact of interventions: an overview [J]. Journal of Econometrics, 1985,

30（1-2）：239-267.

［15］Hill M D, Kelly G W, Highfield M J. Net operating working capital behavior: a first look［J］. Financial Management, 2010, 39（2）: 783-805.

［16］Hsieh C T, Klenow P J. Misallocation and manufacturing TFP in China and India［J］. The Quarterly Journal of Economics, 2009, 124（4）: 1403-1448.

［17］Huett P, Baum M, Schwens C, et al. Foreign direct investment location choice of small-and medium-sized enterprises: the risk of value erosion of firm-specific resources［J］. International Business Review, 2014, 23（5）: 952-965.

［18］Hymer, S H.The international operations of national firms: a study of direct foreign investment［M］.Cambridge: The MIT Press, 1976.

［19］Irshad M S. One Belt and One Road: dose China-Pakistan economic corridor benefit for Pakistan's economy?［J］. Social Science Electronic Publishing, 2016, 6（24）.

［20］John K, Litov L, Yeung B. Corporate governance and risk-taking［J］. The Journal of Finance, 2008, 63（4）: 1679-1728.

［21］Kalirajan K P, Obwona M B, Zhao S. A decomposition of total factor productivity growth: the case of Chinese agricultural growth before and after reforms［J］. American Journal of Agricultural Economics, 1996, 78（2）: 331-338.

［22］Kostova T, Roth K, Dacin M T. Institutional theory in the study of multinational corporations: a critique and new directions［J］. Academy of Management Review, 2008, 33（4）: 994–1006.

[23] Lau L S, Choong C K, Eng Y K. Investigation of the environmental Kuznets curve for carbon emissions in Malaysia: do foreign direct investment and trade matter? [J]. Energy Policy, 2014（68）: 490–497.

[24] Levinsohn J, Petrin A. Estimating production functions using inputs to control for unobservables [J]. The Review of Economic Studies, 2003, 70（2）: 317–341.

[25] Liu H. The security challenges of the "One Belt, One Road" Initiative and China's choices [J]. Croatian International Relations Review, 2017, 23（78）: 129–147.

[26] Liu W, Dunford M. Inclusive globalization: Unpacking China's Belt and Road Initiative [J]. Area Development and Policy, 2016, 1（3）: 323–340.

[27] Ma J. The challenge of different perceptions on the Belt and Road Initiative [J]. Croatian International Relations Review, 2017, 23（78）: 149–168.

[28] Manski C F. Anatomy of the selection problem [J]. Journal of Human Resources, 1989, 24（3）: 343–360.

[29] Meyer B D. Natural and quasi–experiments in economics [J]. Journal of Business & Economic Statistics, 1995, 13（2）: 151–161.

[30] Miller S M, Upadhyay M P. The effects of openness, trade orientation, and human capital on total factor productivity [J]. Journal of Development Economics, 2000, 63（2）: 399–423.

［31］Nazir M S, Afza T. Working capital requirements and the determining factors in Pakistan［J］. IUP Journal of Applied Finance, 2009, 15（4）: 28.

［32］Neven D, Siotis G. Technology sourcing and FDI in the EC: an empirical evaluation［J］. International Journal of Industrial Organization, 1996, 14（5）: 543-560.

［33］Olley G S, Pakes A. The dynamics of productivity in the telecommunications equipment industry［J］. Econometrica: Journal of the Econometric Society, 1996, 64（6）: 1263-1297.

［34］Potterie B P, Lichtenberg F. Does foreign direct investment transfer technology across borders?［J］. Review of Economics and Statistics, 2001, 83（3）: 490-497.

［35］Pradhan J P, Singh N. Outward FDI and knowledge flows: a study of the Indian automotive sector［J］.MPRA Paper, 2009.

［36］Guo Q, Jia J. Estimating total factor productivity in China［J］. Economic Research Journal, 2005, 6（1）: 51-60.

［37］Rosenbaum P R, Rubin D B. The central role of the propensity score in observational studies for causal effects［J］. Biometrika, 1983, 70（1）: 41-55.

［38］Verlare J, van der Putten F P. "One Belt, One Road": an opportunity for the EU's security strategy［M］. The Clingendael Policy Brief, 2015.

［39］Vernon R, Dunning J H. Economic analysis and the multinational enterprise［M］. New York: Praeger, 1975.

［40］Wen G J. Total factor productivity change in China's farming sector：1952-1989［J］. Economic Development and Cultural Change，1993，42（1）：1-41.

［41］白永秀，王颂吉．丝绸之路经济带的纵深背景与地缘战略［J］．改革，2014（3）：64-73.

［42］陈虹，杨成玉．"一带一路"国家战略的国际经济效应研究——基于 CGE 模型的分析［J］．国际贸易问题，2015（10）：4-13.

［43］陈林，伍海军．国内双重差分法的研究现状与潜在问题［J］．数量经济技术经济研究，2015，32（7）：133-148.

［44］陈胤默，孙乾坤，张晓瑜．孔子学院促进中国企业对外直接投资吗——基于"一带一路"沿线国家面板数据的分析［J］．国际贸易问题，2017（8）：84-95.

［45］董晓庆，赵坚，袁朋伟．国有企业创新效率损失研究［J］．中国工业经济，2014（2）：97-108.

［46］杜德斌，马亚华．"一带一路"：中华民族复兴的地缘大战略［J］．地理研究，2015，34（6）：1005-1014.

［47］方杰，张敏强，邱皓政．中介效应的检验方法和效果量测量：回顾与展望［J］．心理发展与教育，2012，28（1）：105-111.

［48］谷媛媛，邱斌．来华留学教育与中国对外直接投资——基于"一带一路"沿线国家数据的实证研究［J］．国际贸易问题，2017（4）：83-94.

［49］郭建宏．中国的对外直接投资风险及对策建议［J］．国际商务研究，2017，38（1）：75-84.

［50］郭烨，许陈生．双边高层会晤与中国在"一带一路"沿线国

家的直接投资［J］.国际贸易问题，2016（2）：26-36.

［51］韩超，胡浩然.清洁生产标准规制如何动态影响全要素生产率——剔除其他政策干扰的准自然实验分析［J］.中国工业经济，2015（5）：70-82.

［52］何靖.延付高管薪酬对银行风险承担的政策效应——基于银行盈余管理动机视角的PSM-DID分析［J］.中国工业经济，2016（11）：126-143.

［53］胡伟，孙浩凯."一带一路"视角下我国企业对外直接投资的风险及防范对策分析［J］.湖北经济学院学报（人文社会科学版），2016，13（3）：56-58.

［54］黄亮雄，韩永辉，王佳琳，等.中国经济发展照亮"一带一路"建设——基于夜间灯光亮度数据的实证分析［J］.经济学家，2016（9）：96-104.

［55］蒋冠宏.制度差异、文化距离与中国企业对外直接投资风险［J］.世界经济研究，2015（8）：37-47，127-128.

［56］蒋冠宏，蒋殿春.中国工业企业对外直接投资与企业生产率进步［J］.世界经济，2014，37（9）：53-76.

［57］孔东民，代昀昊，李阳.政策冲击、市场环境与国企生产效率：现状、趋势与发展［J］.管理世界，2014（8）：4-17，187.

［58］孔庆峰，董虹蔚."一带一路"国家的贸易便利化水平测算与贸易潜力研究［J］.国际贸易问题，2015（12）：158-168.

［59］李丹，崔日明."一带一路"战略与全球经贸格局重构［J］.经济学家，2015，8（8）：62-70.

［60］李钢，刘倩，孔冬艳，等."一带一路"战略与中国全域发

展［J］.中国软科学，2016（7）：18-26.

［61］李敬，冉光和，万丽娟.中国企业对外直接投资绩效不佳的原因分析［J］.生产力研究，2008（3）：69-71.

［62］李梅，柳士昌.对外直接投资逆向技术溢出的地区差异和门槛效应—基于中国省际面板数据的门槛回归分析［J］.管理世界，2012（1）：21-32.

［63］李泳.中国企业对外直接投资成效研究［J］.管理世界，2009（9）：34-43.

［64］廖萌."一带一路"建设背景下我国企业"走出去"的机遇与挑战［J］.经济纵横，2015（9）：30-33.

［65］刘洪铎，李文宇，陈和.文化交融如何影响中国与"一带一路"沿线国家的双边贸易往来——基于1995—2013年微观贸易数据的实证检验［J］.国际贸易问题，2016（2）：3-13.

［66］卢谢峰，韩立敏.中介变量、调节变量与协变量——概念、统计检验及其比较［J］.心理科学，2007，30（4）：934-936.

［67］鲁万波，常永瑞，王叶涛.中国对外直接投资、研发技术溢出与技术进步［J］.科研管理，2015，36（3）：38-48.

［68］鲁晓东，连玉君.中国工业企业全要素生产率估计：1999—2007［J］.经济学（季刊），2012（2）：541-558.

［69］毛其淋，许家云.政府补贴、异质性与企业风险承担［J］.经济学（季刊），2016，15（4）：1533-1562.

［70］聂辉华，贾瑞雪.中国制造业企业生产率与资源误置［J］.世界经济，2011（7）：27-42.

［71］聂娜.中国参与共建"一带一路"的对外投资风险来源及防

范机制［J］.当代经济管理，2016，38（9）：84-90.

［72］潘红波，陈世来.《劳动合同法》、企业投资与经济增长［J］.经济研究，2017，52（4）：92-105.

［73］潘镇，金中坤.双边政治关系、东道国制度风险与中国对外直接投资［J］.财贸经济，2015（6）：85-97.

［74］裴长洪，于燕."一带一路"建设与我国扩大开放［J］.国际经贸探索，2015，31（10）：4-17.

［75］邵予工，郭晓，杨乃定.基于国际生产折衷理论的对外直接投资项目投资风险研究［J］.软科学，2008，22（9）：41-44.

［76］盛斌，黎峰."一带一路'倡议的国际政治经济分析［J］.南开学报（哲学社会科学版），2016（1）：52-64.

［77］隋广军，黄亮雄，黄兴.中国对外直接投资、基础设施建设与"一带一路"沿线国家经济增长［J］.广东财经大学学报，2017，32（1）：32-43.

［78］孙楚仁，张楠，刘雅莹."一带一路"倡议与中国对沿线国家的贸易增长［J］.国际贸易问题，2017（2）：83-96.

［79］孙瑾，杨英俊.中国与"一带一路"主要国家贸易成本的测度与影响因素研究［J］.国际贸易问题，2016（5）：94-103.

［80］孙焱林，覃飞.法律执行效率、外商直接投资差异及影响因素——基于2000— 2014年省会城市面板数据的实证研究［J］.云南财经大学学报，2017（5）：137-149.

［81］太平，李姣.开放型经济新体制下中国对外直接投资风险防范体系构建［J］.亚太经济，2015（4）：122-127.

［82］汪洋.中国企业对发达国家直接投资与自主创新能力研究

［M］．北京：中国经济出版社，2010.

［83］王国刚．"一带一路"：基于中华传统文化的国际经济理念创新［J］．国际金融研究，2015（7）：3-10.

［84］王砾，王茂斌，孔东民．中央巡视工作是否提高了企业业绩——基于准自然实验的证据［J］．金融学季刊，2017，11（2）：30-55.

［85］王明国．"一带一路"倡议的国际制度基础［J］．东北亚论坛，2015（6）：77-90.

［86］王争，郑京海，史晋川．中国地区工业生产绩效：结构差异、制度冲击及动态表现［J］．经济研究，2006（11）：48-59，71.

［87］王志民．"一带一路"背景下的对外开放地缘布局［J］．中国边疆学，2015（2）：2.

［88］魏龙，王磊．从嵌入全球价值链到主导区域价值链——"一带一路"战略的经济可行性分析［J］．国际贸易问题，2016（5）：104-115.

［89］温湖炜．中国企业对外直接投资能缓解产能过剩吗——基于中国工业企业数据库的实证研究［J］．国际贸易问题，2017（4）：107-117.

［90］肖慧敏，刘辉煌．中国企业对外直接投资的学习效应研究［J］．财经研究，2014（4）：42-55.

［91］谢孟军．文化能否引致出口："一带一路"的经验数据［J］．国际贸易问题，2016（1）：3-13.

［92］谢孟军．政治风险对中国对外直接投资区位选择影响研究［J］．国际经贸探索，2015，31（9）：66-80.

［93］许和连，孙天阳，成丽红．"一带一路"高端制造业贸易格局及影响因素研究——基于复杂网络的指数随机图分析［J］．财贸经济，2015（12）：74-88.

［94］杨广青，杜海鹏．人民币汇率变动对我国出口贸易的影响——基于"一带一路"沿线79个国家和地区面板数据的研究［J］．经济学家，2015（11）：6.

［95］杨继生，阳建辉．行政垄断、政治庇佑与国有企业的超额成本［J］．经济研究，2015，50（4）：50-61.

［96］杨汝岱．中国制造业企业全要素生产率研究［J］．经济研究，2015（2）：61-74.

［97］姚洋，章奇．中国工业企业技术效率分析［J］．经济研究，2001（10）：13-19.

［98］余泳泽，张少辉．城市房价、限购政策与技术创新［J］．中国工业经济，2017（6）：98-116.

［99］曾向红．"一带一路"的地缘政治想象与地区合作［J］．世界经济与政治，2016（1）：46-71.

［100］张骥，陈志敏．"一带一路"倡议的中欧对接：双层欧盟的视角［J］．世界经济与政治，2015（11）：36-52.

［101］张俊英，刘艳丽．丝绸之路的历史文化影响与当代价值研究［J］．历史教学问题，2016（1）：17.

［102］张伟．中国"一带一路"建设的地缘战略研究［D］．长春：吉林大学，2017.

［103］张亚斌．"一带一路"投资便利化与中国对外直接投资选择——基于跨国面板数据及投资引力模型的实证研究［J］．国际贸易

问题，2016（9）：165–176.

［104］赵宸宇，李雪松 . 对外直接投资与企业技术创新——基于中国上市公司微观数据的实证研究［J］. 国际贸易问题，2017（6）：105–117.

［105］赵东麒，桑百川 ."一带一路"倡议下的国际产能合作——基于产业国际竞争力的实证分析［J］. 国际贸易问题，2016（10）：3–14.

［106］赵青，张华容 . 政治风险对中国企业对外直接投资的影响研究［J］. 山西财经大学学报，2016（7）：1–13.

［107］钟昌标 . 外商直接投资地区间溢出效应研究［J］. 经济研究，2010，1（1）：80–89.

［108］周茂，陆毅，陈丽丽 . 企业生产率与企业对外直接投资进入模式选择——来自中国企业的证据［J］. 管理世界，2015（11）：70–86.

［109］周五七 ."一带一路"沿线直接投资分布与挑战应对［J］. 改革，2015（8）：39–47.

［110］宗芳宇，路江涌，武常岐 . 双边投资协定、制度环境和企业对外直接投资区位选择［J］. 经济研究，2012，47（5）：71–82，146.